K-DISC
행동 유형 검사 개발 보고서

이 책은 저작권법 제53조에 따라 한국저작권위원회에 저작권이 등록되었고,
책의 내용에서 다루는 상표는 상표법에 따라 상표등록 원부에 등록되어
저작권 및 상표권은 DISC KOREA에 있습니다.

관계 법령에 의해 보호를 받는 저작물이므로
허락 없이 무단 복제 및 무단 전재, 스캔, 공유를 금하고,
이 책 내용의 전부 또는 일부를 사용하려면
반드시 DISC KOREA의 동의를 받아야 합니다.
이를 위반할 경우 민, 형사 상 법적 책임을 질 수 있습니다.

저작권 등록 정보
1. 저작권 등록번호: 제 C-2023-015176 호
2. 저작물의 제호: K-DISC(케이디스크) 행동유형 검사 개발보고서
3. 저작자 성명: DISC KOREA 대표 김효선
저작권법 제53조에 따른 저작권 등록

상표 등록 정보
1. 상표 등록번호: 제 40-2097419 호, 제 40-2097383 호
2. 상표: K-DISC(케이디스크), DISC KOREA(디스크코리아)
3. 상표권자 성명: DISC KOREA 대표 김효선
상표법에 따른 상표등록 원부 등록

K-DISC
행동 유형 검사 개발 보고서

지은이	김환, 임아영
초판 1판 1쇄 발행	2023년 02월 10일
개정판 1판 1쇄 발행	2023년 12월 26일
펴낸곳	디스크코리아
펴낸이	김효선
디자인	정다희
이메일	disc@disckorea.co.kr
값	17,000원
ISBN	979-11-985202-2-7 (93330)

K-DISC
행동 유형 검사 개발 보고서

김환, 임아영 지음

목차

1. DISC란?

1.1. DISC 행동모델에 대한 개관	12
1.2. DISC 유형별 특징	19
1.3. DISC 검사 도구 현황	24

2. K-DISC 검사 개발의 필요성

2.1. 내용 타당도 개선	28
2.2. 문항 개발 단계에서 차원적 접근의 활용	31
2.3. 새로운 규준 마련	32
2.4. 사회적 바람직성 영향 최소화	34
2.5. 환경과 본성 구분의 적절성에 대한 문제 제기	38

3. K-DISC의 특징

3.1. 직장·업무 환경에 특화된 검사	45
3.2. 다양한 버전 검사의 도입	47
3.3. 행동 유형의 신뢰성 향상	50
3.4. 풍부하고 창조적인 결과 해석 보장	52
3.5. 적용 대상의 다양성	57
3.6. 직장 생활의 다양한 측면에 대한 시사점 제공	58

4. K-DISC 행동 유형 검사 개발 및 타당화

- 4.1. K-DISC 검사의 개발 과정 … 60
- 4.2. 문헌 고찰 및 기존 척도 검토를 통한 예비 문항 제작 … 62
- 4.3. 예비 문항의 내용 타당도 검토 … 73
- 4.4. 예비검사(1차 조사) 실시 및 결과 분석 … 74
  - 4.4.1. 예비검사와 함께 실시할 차원적 DISC 검사 … 75
  - 4.4.2. 차원적 DISC 검사를 활용하여 K-DISC 최종 문항 선정 … 78
  - 4.4.3. 전문가 검토를 통한 K-DISC 최종 문항 보완 … 80
- 4.5. 본조사(2차 조사) 실시 및 결과 분석 … 84
  - 4.5.1. 인구통계학적 특성에 따른 차이 … 85
  - 4.5.2. 확인적 요인분석 결과 … 86
  - 4.5.3. 신뢰도 분석 결과 … 87
  - 4.5.4. 하위 요인 간 상관 … 89
  - 4.5.5. 유형별 비율 … 92
  - 4.5.6. 문장형과 형용사형 검사의 유형 일치도 … 97

5. K-DISC와 직무스트레스, 커뮤니케이션 및 리더십 스타일의 관계

- 5.1. K-DISC와 직무스트레스의 관계 … 101
- 5.2. K-DISC와 커뮤니케이션 스타일의 관계 … 103
- 5.3. K-DISC와 리더십 스타일의 관계 … 105

6. K-DISC 검사의 실시 및 채점

- 6.1. 실시 — 112
- 6.2. 채점 — 113
  - 6.2.1. 원점수 — 113
  - 6.2.2. 표준 점수 — 114
- 6.3. 우세 유형 선정 및 하위 유형 구분 — 116
  - 6.3.1. 1차 우세 유형 — 116
  - 6.3.2. 2차 우세 유형 — 117
  - 6.3.3. 하위 유형 구분 — 118

7. 결과 해석

- 7.1. D 관련 유형 — 123
  - 7.1.1. 단독 D 유형 — 123
  - 7.1.2. DI 유형 — 124
  - 7.1.3. DS 유형 — 125
  - 7.1.4. DC 유형 — 126
- 7.2. I 관련 유형 — 127
  - 7.2.1. 단독 I 유형 — 127
  - 7.2.2. ID 유형 — 128
  - 7.2.3. IS 유형 — 129
  - 7.2.4. IC 유형 — 130

7.3. S 관련 유형		131
7.3.1. 단독 S 유형		131
7.3.2. SD 유형		132
7.3.3. SI 유형		132
7.3.4. SC 유형		133
7.4. C 관련 유형		134
7.4.1. 단독 C 유형		134
7.4.2. CD 유형		135
7.4.3. CI 유형		135
7.4.4. CS 유형		136
7.5. 해석의 확장		138

8. 규준 자료

8.1. K-DISC 문장형 검사 규준표　　140
8.2. K-DISC 형용사형 검사 규준표　　143
8.3. K-DISC 하이브리드형 검사 규준표　　146

9. 참고문헌

표 목차

표 1. DISC 유형별 특징		20
표 2. K-DISC 문장형 예비 문항(40문항) 내용		63
표 3. K-DISC 형용사형 예비 문항(34문항) 내용		71
표 4. 1차 조사 참여자의 인구통계학적 특성 (N = 400)		75
표 5. 리커트형 DISC 척도 문항 및 탐색적 요인분석 결과		77
표 6. 리커트형 DISC 척도, K-DISC 문장형 및 형용사형 척도의 상관		79
표 7. K-DISC 문장형 최종 16문항		81
표 8. K-DISC 형용사형 최종 16문항		83
표 9. 2차 조사 참여자의 인구통계학적 특성 (N = 501)		85
표 10. 전체 표본의 평균 및 표준편차, 성별에 따른 DISC 점수 차이		86
표 11. 요인별 적합도 지수		87
표 12. K-DISC 검사의 신뢰도		89
표 13. K-DISC 하위 요인 간 상관 (N = 501)		91
표 14. K-DISC 검사를 통한 유형별 빈도 및 비율 (원점수 기준)		93
표 15. 성별에 따른 유형별 빈도 및 비율 (원점수 기준)		94
표 16. K-DISC 검사를 통한 유형별 빈도 및 비율 (T 점수 기준)		95
표 17. K-DISC 검사를 통한 하위 유형별 빈도 및 비율 (T 점수 기준)		96
표 18. K-DISC 문장형 검사와 형용사형 검사의 유형 일치율(원점수 기준)		98
표 19. K-DISC와 직무스트레스, 커뮤니케이션 및 리더십 스타일 간 상관 (N =501)		107

표 20. K-DISC 유형별 직무스트레스,
　　　 커뮤니케이션 및 리더십 스타일 차이 (N =501)　　　　　　　　109
표 21. K-DISC 검사의 원점수 산출 공식 및 점수 범위　　　　　　　　114
표 22. K-DISC 검사의 유형 분류　　　　　　　　　　　　　　　　　118

그림 목차

그림 1. DISC 행동 유형 분류　　　　　　　　　　　　　　　　　　13
그림 2. DISC 모델의 속도에 대한 관점　　　　　　　　　　　　　　15
그림 3. DISC 모델의 우선순위에 대한 관점　　　　　　　　　　　　16
그림 4. 속도와 우선순위에 따른 DISC 유형 분류　　　　　　　　　　17
그림 5. 환경 대 본성 프로파일 예시　　　　　　　　　　　　　　　 53
그림 6. 자기개념 대 행동 프로파일 예시　　　　　　　　　　　　　 55
그림 7. K-DISC 행동 유형 검사 개발 과정　　　　　　　　　　　　 61
그림 8. 성별에 따른 유형별 빈도 (원점수 기준)　　　　　　　　　　 94
그림 9. K-DISC 유형 분류　　　　　　　　　　　　　　　　　　　120

1.

DISC란?

1.1. DISC 행동모델에 대한 개관
1.2. DISC 유형별 특징
1.3. DISC 검사 도구 현황

1.1. DISC 행동모델에 대한 개관

    DISC는 미국 컬럼비아 대학의 심리학 교수인 Marston(1928)이 인간의 행동 패턴을 네 가지 유형으로 분류한 모델을 의미하기도 하고, 또는 그 모델에 기반한 심리검사를 의미하기도 한다. 행동(behavior)은 개인의 고유한 성격적 특성(personality)과 환경(environment)의 함수, $B= f(P·E)$로 설명될 수 있다(Lewin, 1951). 즉 행동은 개인의 고유한 성격이 특정한 환경적 맥락과 상호작용하여 나타나는 개인의 외적 특성으로 정의된다. 따라서 행동은 타고난 특성이나 기질 같은 선천적인 요소 외에도 개인이 환경에 적응하기 위해 습득하게 된 태도, 가치, 선호 등 후천적 요소의 영향까지 반영한다. 후천적인 요소를 포함한다고 해서, 행동이 언제나 변화무쌍하고 가변적인 것은 아니다(유한준, 2005). 인간의 행동은 장기에 걸쳐 반복적으로 학습된 것이기 때문에 일정한 경향성을 가지게 되고, 이렇게 반복적으로 나타나는 인간의 행동을 행동 유형(behavioral pattern)이라고 한다(한국교육컨설팅연구소, 2002).

　Marston(1928)은 일련의 연구를 통하여, 인간의 행동 유형을 구분하는 독창적인 DISC 모델을 제안하였다. 그는 인간의 행동이 두 차원, 즉 환경에 대한 관점 차원과 개인적 힘에 대한 관점에 따라 구분된다고 보았다. 즉, 개인이 자신이 처한 환경을 어떻게 인식하고, 자신이 환경에 대응하는 힘이 얼마나 강하다고 느끼는지에 따라 행동이 달라질 수 있다고 보았다. 이 두 가지 차원을 바탕으로, 인간의 행동 유형을 주도형(Dominance: D)과 사교형(Influence: I), 안정형(Steadiness: S), 신중형(Conscientiousness: C)에 이르는 네 유형으로 분류하였다(그림 1).

그림 1. DISC 행동 유형 분류

주도형(D)은 환경에 대해 경쟁적이고 적대적으로 지각하는 한편, 개인적인 힘이 환경보다 우월하다고 느낀다. 따라서 이들은 주변 환경의 장애를 적극적으로 극복하고 결과를 성취하는 행동 경향을 보인다. 사교형(I)은 개인적인 힘이 환경보다 우월하다고 느낀다는 점에서 주도형과 같지만, 이들은 환경에 대해서 우호적이고 지지적으로 지각한다. 따라서 이들은 타인과 함께 어울리는 데 주저함이 없고, 타인을 설득하는 데 능하며, 타인에게 자신의 영향을 미치는 적극적인 행동 경향을 보인다. 안정형(S)은 사교형과 마찬가지로 환경에 대해 우호적이고 지지적으로 지각하지만, 개인적인 힘이 환경보다 열등하다고 느낀다. 따라서 이들은 타인을 믿고 협력하지만, 행동이 조심스럽고, 절제되어 있는 경향을 보인다. 신중형(C)은 주도형과 같이 환경에 대해 경쟁적이고, 적대적으로 지각하지만, 개인적인 힘이 환경보다 열등하다고 느낀다. 따라서 이들은 경쟁적인 환경에서 자신에 대한 공격과 비판으로부터 자신을 보호하고자 하며, 일의 완벽성과 정확성을 추구함으로써 성과를 이뤄내려는 경향을 보인다.

네 가지 행동 유형을 구분하는 또 다른 관점으로는 행동의 속도(pace)와 우선순위(priority)가 있다. 먼저 행동을 구분하는 수직축에 해당하는 속도(pace)는 인간을 동기화하는 내적 모터의 속도를 의미한다(그림 2). 내적 모터의 속도가 빠른 사람은 의사결정의 속도가 빠르고, 생각하기 전에 행동하며, 위험을 감수하는 데 주저함이 없다. 이를 속전속결형으로 분류할 수 있으며, 네 가지 유형 중 주도형(D)과 사교형(I)은 속전속결형에 속한다고 보았다. 반면, 내적 모터의 속도가 느린 사람은 의사결정의 속도가 느리고, 행동하기 전에 신중하게 생각하며, 위험을 최소화하고자 하는 경향을 보인다. 이를 심사숙고형으로 분류할 수 있으며, 안정형(S)과 신중형(C)이 이에 속한다고 보았다.

그림 2. DISC 모델의 속도에 대한 관점

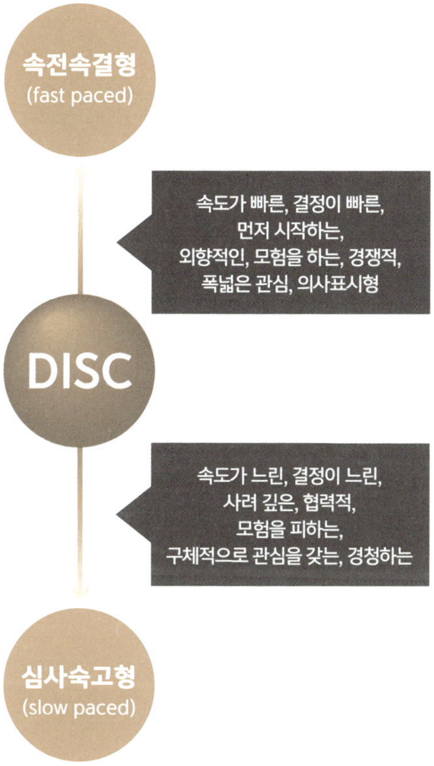

속전속결형
(fast paced)

속도가 빠른, 결정이 빠른,
먼저 시작하는,
외향적인, 모험을 하는, 경쟁적,
폭넓은 관심, 의사표시형

DISC

속도가 느린, 결정이 느린,
사려 깊은, 협력적,
모험을 피하는,
구체적으로 관심을 갖는, 경청하는

심사숙고형
(slow paced)

다음으로 행동을 구분하는 수평축에 해당하는 우선순위(priority)가 있다(그림 3). 속도가 인간의 행동을 동기화하는 내적 모터에 해당

그림 3. DISC 모델의 우선순위에 대한 관점

　한다면, 우선순위는 인간에게 나아갈 방향을 알려주는 내면의 나침반에 해당한다. 개인이 인생에서 중요시하는 가치, 추구하는 목표를 일컬으며, 인간은 이를 달성하기 위해 행동한다고 볼 수 있다. 행동의 방향을 결정하는 가장 대표적인 우선순위로 과업(일)과 사람(관계)이 있다. 과업중심적(task-oriented)인 사람들은 일에 우선순위를 두며, 일을 계획하고, 계획한 대로 실천하는 것이 중요하다. 그들은 자신이 원하는 방식으로 일하기 위해 종종 혼자 일하는 것을 더 선호하며, 주관적인 견해나 감정보다는 사실과 객관적인 데이터에 근거해 의사결정을 내리는 경향이 있다. 상대를 이해하고 공감하기보다는 문제 해결을 위한 목적 지향적 대화를 하며, 인간관계에서도 적당한 거리를 유지하고, 개인적인 공간과 영역을 지키고자 한다. 네 유형 중 주도형(D)과 신중형(C)이 과업중심적 유형에 해당한다고 볼 수 있다.

　반면, 사람중심적(people-oriented)인 사람들은 주어진 역할이나 일보다 사람들과 우호적인 관계를 맺고, 함께 대화하고 경험을 공유하는 것에 초점을 둔다. 그들은 개인의 주관적인 경험과 감정을 중시하며, 타인과 비교적 가까운 거리를 형성한다. 타인에 대한 관심이 많고, 타인의 이야기에 잘 공감하며, 타인의 말과 행동에 민감하게 반응한다. 또한, 자신의 개인적인 감정과 경험을 나누는 것을 즐긴다. 네 유형 중 사교형(I)과 안정형(S)은 사람중심적 유형에 해당한다고 볼 수 있다.

그림 4. 속도와 우선순위에 따른 DISC 유형 분류

앞서 설명한 두 개의 축에 해당하는 속도와 우선순위를 바탕으로 네 개의 행동 유형을 구분할 수 있다(그림 4). 즉 주도형(D)은 속전속결형, 과업중심적 유형에 해당하며, 사교형(I)은 속전속결형, 사람중심적 유형에 해당한다. 안정형(S)은 심사숙고형, 사람중심적 유형에 해당하며, 신중형(C)은 심사숙고형, 과업중심적 유형에 해당한다.

1.2. DISC 유형별 특징

앞서 살펴본 네 가지 행동 유형의 구체적인 특성을 정리하여 표 1에 제시하였다. 일반적으로 개인은 네 유형 중 하나의 지배적인 유형과 나머지 유형의 특성이 혼합된 형태를 가진다. 중요한 것은 네 유형 중 옳고 그르거나, 우월하거나 열등한 스타일은 없다는 것이다. 개인은 자신이 처한 환경에 적응하고 문제를 해결하기 위해 최선의 스타일을 발달시키며, 경우에 따라 이를 변화시키는 것도 가능하다(이연주, 2019). 따라서 네 유형이 지닌 개별적인 특성을 이해하고, 각 유형의 장점과 단점을 통합적으로 인식할 필요가 있다.

표 1. DISC 유형별 특징

유형	목표	일반특징	장점	단점
주도형 D형	결과와 목표 달성	· 지시적이고 단호함 · 지도력이 있음 · 성과지향적, 뚜렷한 성과를 냄 · 도전을 받아들이고 변화 지향 · 빠르게 결정하며, 활기 있게 행동함	· 강력한 리더십과 추진력 · 목표 달성을 위해 장애 극복 · 적극적 문제 해결 높은 성취 촉진 · 빠른 의사결정 도전정신, 위험을 감수하는 대범함 · 독립적 행동 · 명료한 자기주장	· 공격적 행동 · 냉정함, 독선적 태도 · 완고함 · 조급함 · 세세한 것을 간과 · 지나친 서두름 · 상황에 대한 지나친 통제 욕구 · 타인의 말에 귀를 잘 기울이지 않음
사교형 I형	사회적 인정	· 상호작용적이고 영향력을 행사하려함 · 사람과 접촉을 선호하고, 호의적 인상을 줌 · 타인의 동기를 유발 · 분위기를 띄우고 사람을 즐겁게 함 · 집단, 그룹 활동에 참여를 즐김	· 낙관적, 긍정적, 열정적 태도 · 적응력, 융화력, 친화력이 뛰어남 · 뛰어난 감수성 · 사람들의 감정 변화를 잘 읽고 반응함 · 분위기 메이커 · 설득적이고 매력적 · 다양한 관심과 흥미 · 자유로움	· 너무 많은 참견 · 조급함 · 혼자 있지 않으려 함 · 산만함, 비체계성 · 상황 변화에 따라 계획이 바뀜 · 일정, 마감 준수의 어려움 · 고정된 일정, 엄격한 시간 제약을 못 견딤 · 부주의함
안정형 S형	안정과 안전에 대한 추구	· 타인을 배려하고 협력함 · 지지적임 · 예측 가능하고 일관성 있게 일을 수행함 · 참을성이 있음 · 다른 사람을 돕고 지원함 · 충성심을 보임 · 남의 말을 주의깊게 들음 · 안정되고 조화로운 환경을 만듦	· 조화롭고 원만한 관계 유지 · 일관되게 일 추진 · 안정적인 감정상태 유지 · 쉽게 짜증 내거나 화를 내지 않음 · 침착함, 안정감, 균형감 · 온화함, 부드러움, 진지한 배려	· 갈등 회피 · 타인의 요구나 강압에 쉽게 순응 · 지나친 양보와 희생 · 소극적 자기표현 · 우유부단함 · 주도성 부족

신중형 C형	과업에 대한 바르고 정확한 수행	• 원칙을 중시하고 양심적임 • 중요한 지시나 기준에 관심을 둠 • 세부 사항에 신경 씀 • 분석적으로 사고하고 찬반, 장단점 등을 고려함 • 예의 바르고 격식을 차림 • 일을 정확하게 함 • 상황이나 활동에 대해 체계적으로 접근함	• 꾸준하고 성실함 • 정확성, 논리성, 명확성, 일관성, 체계성, 신중성 • 기준과 기대에 도달하고자 노력을 기울임 • 계획적이고 꼼꼼함 • 논리성의 추구, 원인 탐구 • 주의 깊은 의사결정	• 지나친 완벽주의, 결벽성 • 높은 기준으로 인해 자신과 타인에 대한 비판적 태도 • 지나친 신중함으로 인한 시간 소요 • 중요하지 않거나 세부적 사항에 대한 집착

DISC 관련 논문들에서 정의한 네 가지 행동 유형의 특징을 요약하면 다음과 같다(이연주, 2019; Hartman & McCambridge, 2011; Sugerman, 2009; Turnasella, 2002).

먼저 주도형(D)은 도전정신이 강하고, 결단력이 있으며, 목표를 달성하기 위해 적극적으로 돌진한다. 물질적이고 구체적인 결과로 성공을 증명하고자 하기에, 실제로 높은 성취를 달성하기도 하며, 저돌적인 행동파의 특성을 지닌다. 긴급한 상황에서도 확신을 갖고 스스로 의사결정을 하고, 결심한 바를 직접적인 행동으로 보여준다. 다만, 이러한 단호하고 신속한 의사결정과 계획 추진 과정에서 독단적이고 공격적인 특성을 보여 사람들과 마찰을 빚을 가능성이 있다.

사교형(I)은 사람들과의 관계와 교류를 중요하게 생각하며, 사람들 사이에서 존재감과 영향력을 확인하고자 한다. 이들은 타인과 여러 가지 활동에 대해 폭넓은 관심을 가지고 있으며, 다양한 사람들과 어울리는 데 윤활유 같은 역할을 한다. 사람들의 사기를 북돋고 동기를 유발하는 데 능하며, 새롭고 다양한 관점으로 문제를 유연하게 해결하여 사람들과의 모임에서 구심점 역할을 하는 경우가 잦다. 유연한 사고방식과 커뮤니케이션 능력, 갈등 중재 능력이 장점으로 꼽히나, 타인의 평가나 거절에 민감하기 때문에 자신이 원하는 만큼의 인정과 관심이 돌아오지 않을 때 좌절하기 쉽다. 또한, 여러 가지 사항에 대한 폭넓은 관심사와 빠른 주의 전환이 한 가지 일에 집중하고 꾸준하게 해나가는 데 방해가 될 수도 있다.

안정형(S)의 사람들은 관계와 신뢰를 중시한다. 그들은 관계에서 안정감을 느끼길 원하며, 지지와 보호를 추구한다. 그렇기에 타인에게도 온화하고 지지적이며 부드러운 태도를 취하고, 타인에게 관심과 연민이 많고, 그들의 욕구를 살피고 만족시키고자 노력한다. 따라서 이들과 함께 있으면 마음이 편하고, 안정적이며 배려 받는다는 느낌을 받게 된다. 또한, 이들은 갈등이 생겼을 때, 배려와 협력, 양보를 통해 갈등을 해결하고 원만한 관계를 유지하고자 한다. 타인을 배려하고 살피는 것은 이들의 장점이기도 하나, 때로 타인을 우선 배려하고 양보하다 보니 자기주장을 잘하지 못하고, 수동적이고 우유부단한 모습을 나타낼 가능성이 있다.

신중형(C)의 사람들은 자신이 맡은 일을 정확하고 바르게 수행하는 것을 중시한다. 만족을 위한 기대 수준이 높고, 일의 품질과 과정이 원리원칙에 따라 정확하고 완벽하게 구현되는지에 초점을 둔다. 준비성이 철저하고 계획에 따라 일하는 편이고, 지적인 성취를 중시하며, 높은 전문성과 논리성을 바탕으로 전문가로서 영향력을 발휘하는 편이다. 비판적이고 냉철한 시각을 가지고 감정에 잘 휘둘리지 않는 특성이 있으며, 분명한 기준과 원칙에 따라 문제를 해결하고자 노력한다. 다만, 지나친 완벽주의와 결벽성이 유연한 문제 해결을 방해할 수 있고, 때로 중요하지 않는 사항에 지나치게 주의를 빼앗겨 큰 그림을 놓칠 수 있다. 또한, 정확성과 객관성을 중시하다 보니, 비판적인 태도로 타인의 감정을 해칠 수 있고, 스스로 좌절이나 실패에 대한 두려움이 있을 수 있다.

1.3. DISC 검사 도구 현황

　　DISC는 Marston(1928)의 제안한 모델을 의미하기도 하지만, 이 모델에 기반한 심리검사를 지칭하기도 한다. DISC 검사는 인간의 행동 유형에 대한 통합적 이해를 바탕으로 주로 경영, 세일즈, 커뮤니케이션, 갈등관리 전략 등의 맥락에서 다양한 사람의 개성과 상호작용 특징을 파악하는 유용한 도구로 사용되고 있다. Marston 박사가 DISC 행동 유형 모델을 제안한 이래, DISC 모델을 바탕으로 인간의 행동 유형을 구분하기 위한 다양한 검사 도구들이 개발되어 사용되고 있다. 그중 국내에서 가장 많이 사용된 도구는 한국교육컨설팅연구소(1994, 2001)에 의해서 번역 및 소개된 개인 프로파일 시스템(Personal Profile System)이다. 이 도구는 본래 미국의 칼슨 러닝사(Carlson Learning Co.)가 가이어(Geier) 교수와 협력하여 1972년 개발하고 1994년에 수정한 것으로, 현재 미국 와일리사(John Wiley & Sons)에 의해 출판되고 있다. 이 검사는 총 28개의 문항으로 구성되며, 문항별로 제시되는 네 개의 단어(형용사) 중 자신에게 가장 잘 해당하는 단어를 선택하여 '최고'란에 표시하고, 자신에게 전혀 해당하지 않는 단어를 선택하여 '최소'란에 표시하게 되어 있다. 이후 최고치와 최소치의 응답 개수를 계산하여 네 가지 행동 유형에 대한 점수를 산출한다.

이와 유사한 형태의 검사로 국내에서 김재득 등(2015)이 개발하고 동북아리더십센터가 보급하는 OK-DISC 검사가 있다. 이 검사는 총 30개의 문항으로 구성되며, 문항별로 네 개의 보기 중 자신을 가장 잘 나타내는 표현을 골라 '최고'란에 표시하고, 자신을 나타내기에 가장 거리가 먼 표현을 골라 '최소'란에 표시한 뒤, 네 유형별 합산 점수를 구하는 방식으로 계산된다.

앞서 살펴본 검사들은 네 유형을 묘사하는 형용사들 중에서 자신과 가장 일치하는 모습과 가장 불일치하는 모습을 하나씩 선택하게 되어 있어, 간편하게 응답자를 범주로 구분하는 데 유용하다는 장점이 있다. 그리고 수검자는 자신의 대표 유형을 쉽게 파악할 수 있다. 그러나 응답자를 특정 범주에 귀속시키는 범주형 접근은 인간의 특성을 인위적으로 이분법적으로 구분한다는 비판이 있기에, 학술 연구에서는 여러 특성의 보유 정도를 양적으로 보여주는 차원적 접근의 검사를 많이 사용하고 있다. 차원적 DISC 검사는 위와 같이 네 가지 유형 중에 자신과 가장 비슷하거나 가장 비슷하지 않은 모습을 고르는 대신에, 네 유형에 해당하는 보기 모두에서 일치하는 정도를 리커트(Likert) 척도[1] 상에서 점수로 표시하게끔 한다. 이를 통하여, 주도형(D), 사교형(I), 안정형(S), 신중형(C)을 엄격하게 구분하여 한 유형에 귀속시키기보다는,

---

[1] 어떤 태도가 자신에게 해당하는 정도를 '매우 그렇다(5점)', '그렇다(4점)', '보통이다(3점)', '조금 아니다(2점)', '전혀 아니다(1점)'와 같이 연속되는 점수를 매겨 측정하는 방식. Likert에 의해 1932년 개발되었다. 흔히 5점 척도나 7점 척도가 널리 쓰인다.

개인이 각 유형의 특성을 얼마나 지니고 있는지 양적인 차원에서 파악하고자 시도하는 것이다. 이렇게 모든 차원의 점수를 확보하면 각 차원과 다른 심리적 속성들과의 관련성을 통계적 수치로 확인하기에 유용하다. 차원적 접근 DISC 검사 예로는 Boyd (1994)의 저서인 가족발견프로파일(Family Discovery Profile)에서 소개된 도구를 재구성한 김명희(1998), 김성덕(2007), 김정식(2012)의 검사들이 있다. 연구자들은 검사 문항을 연구 목적에 맞게 조금씩 수정·보완하여 사용하고 있다. 다만, 이러한 차원적 접근은 범주적 접근의 장점 – 간편하고 수검자가 자신의 대표 유형을 쉽게 파악할 수 있음 – 을 누리기 어려운 한계가 있다.

각 검사 도구마다 나름의 장단점이 있으나, 본 개발자들은 현존하는 검사 도구들이 Marston(1928)의 DISC 행동 유형 모델을 구현하는 데 어느 정도 한계점을 지닌다고 보았다. 따라서 이러한 한계점을 보완하기 위한 새로운 검사 도구로서, K-DISC 행동 유형 검사를 개발하고자 하였다.

2.

K-DISC 검사 개발의 필요성

2.1. 내용 타당도 개선
2.2. 문항 개발 단계에서 차원적 접근의 활용
2.3. 새로운 규준 마련
2.4. 사회적 바람직성 영향 최소화
2.5. 환경과 본성 구분의 적절성에 대한 문제 제기

2.1. 내용 타당도 개선

    DISC 이론을 검사로 구현하기 위해서는, 문항의 내용이 주도형(D), 사교형(I), 안정형(S), 신중형(C)의 고유한 특징을 포함하고 있을 뿐만 아니라, 네 유형 간의 차이점이 명확하게 드러나는 방향으로 설계되어야 한다. 기존 DISC 검사들이 가지는 치명적인 단점 중 하나는 문항의 내용이 유형별로 뚜렷이 구분되지 않고, 여러 유형에 대한 교차 부하가 의심되는 문항들이 다수 포함되어 있다는 것이다.

    예를 들어, '배려하는'이라는 표현은 다수의 검사에서 안정형(S)에 속하는 문항으로 분류된다. 그러나 DISC 이론에 입각해 보자면, 사람과의 관계와 어울림을 중요시하는 것은 안정형(S)뿐만 아니라, 사교형(I)에서도 나타나는 공통적인 특징에 해당하며, 사교형(I)의 사람들이 나서서 분위기를 띄우거나, 다른 사람들의 사기를 북돋기 위해서 적극적으로 행동하는 것도 넓은 의미에서 타인을 배려하는 활동이 될 수 있다. 그러나 기존 DISC 검사에서 사용하는 '배려하는'이라는 표현은 안정형(S)의 사람들이 자신의 주장을 굽히고, 타인의 뜻에 따르는 성향을 묘사하기 위해 주로 사용되었으며, 이는 안정형(S) 사람들의 소극적 성향이나 수동적인 면을 강조하는 표현으로 전락하고 말았다.

따라서 K-DISC 검사에서는 각 유형의 사람들이 가지는 고유한 특성과 자기개념을 타당하게 반영하는 정교한 언어를 사용하고자 하였다. 예를 들어, '배려하는'이라는 모호한 표현을 사용하는 대신에, 사교형(I)과 안정형(S) 사람들이 나타내는 타인에 대한 배려의 종류를 구체적으로 구분하고자 하였다. 사교형(I) 사람들은 다른 사람을 챙기거나 다른 사람을 즐겁게 해주는 역할을 즐기며, 이를 타인을 배려하는 행위로 여길 수 있다. 반면, 안정형(S) 사람들은 자신의 주장을 강하게 내세우지 않고, 타인의 의견을 따르거나 타인의 말을 경청하는 것을 타인을 배려하는 행위로 여길 수 있다. 이러한 차이를 명확하게 반영할 수 있도록 문항을 구성하여, '배려'가 가지는 다양한 측면을 각각 사교형(I)과 안정형(S)에 맞게 연결 지을 수 있도록 하였다. 그리하여 '사람을 챙겨주는'이라는 표현은 사교형(I)에 해당하는 문항으로 배정되었고, '양보하는'이라는 표현은 안정형(S)에 해당하는 문항으로 배정되었다.

또한, 기존 DISC 검사의 일부 문항 중에는 내용 타당도 측면에서 특정 행동 유형과 부합하지 않으나, 통계 수치를 기계적으로 적용하여 임의로 구분한 문항들이 다수 포함되었다. 예를 들어, 김명희(2003)가 번안한 문항 중 '일반적으로 사람들은 나와 함께 있으면 편안하다고 한다.'는 탐색적 요인분석 결과를 바탕으로 신중형(C)으로 구분되었으나, DISC 모델에 따르면, 이 문항의 내용은 안정형(S)의 특징에 가깝다고 볼 수 있다. 강인향(2009)이 번안한 문항 중 '나는 문제 해결을 스스로 하는 편이다.' 같은 문항은 신중형(C)으로 구분되었으나, DISC 모델에 따르면, 이 문항의 내용은 주도형(D)의 사람들도 상당 부분 가지고 있는 특징이다. 신중형(C)과 주도형(D)의 사람들은 둘 다, 다른 사람에게 의존하기보다는 독자적으로 자신의 업무를 완성하려는 성향을 가지고 있다. 따라서 통계 분석 결과의 수치상으로, 해당 문항이 신중형(C)으로 분류되었다고 해도, 문항의 구성개념이 이론적 모델을 적절하게 반영하고 있지 못하다면, 이러한 문항들은 검사 도구의 타당도를 저해한다.

따라서 K-DISC 검사는 문항 개발 단계에서 각 문항의 내용을 이론적 모델에 부합하게 구성하기 위하여 심혈을 기울였다. 예비 문항 제작 이전에 방대한 DISC 관련 논문과 서적을 검토하고, 기존 검사들의 문항 내용을 분석하였다. 이러한 작업을 통해 네 유형의 고유한 행동 특징을 반영하면서도, 유형 간 중첩을 최대한 피하게끔 문항을 구성하였다. 또한, 심리검사 개발 및 타당화에 대한 전문적인 지식을 갖춘 임상심리전문가이자 심리학 박사 학위 소지자인 현직 심리학과 교수로 구성된 전문가 평정단을 구성하여, 내용의 타당도에 대한 엄밀한 평가를 거치고, 문항 수정 작업을 반복하여 문항을 완성하였다.

2.2. 문항 개발 단계에서 차원적 접근의 활용

  K-DISC 검사는 수검자들의 행동 유형을 간편하게 구분할 수 있도록 범주적 접근을 취하되, 범주적 접근 방식의 한계를 보완하고자 하였다. 이에 문항 개발 단계에서부터 차원적 접근에 기반한 기존 DISC 검사 문항들과의 수렴 타당도를 고려하였다. 즉, 범주적 DISC 검사 문항을 개발하되, 차원적 DISC 검사와 높은 상관을 보이는 문항들을 선발하도록 한 것이다. 이를 통해 질적·양적 차원에서 DISC 모델의 네 가지 행동 유형의 특성을 정확하게 반영하고자 시도하였다. 따라서 K-DISC 검사를 통해 측정된 행동 유형은 차원적 접근을 취하고 있는 다른 DISC 검사의 양적 점수와도 높은 상관을 보이게끔 설계되었다.

2.3. 새로운 규준 마련

어떤 종류의 심리검사이든 세월의 흐름에 따라 문항 유출, 오래된 규준집단, 시대·문화적 변화 등으로 인하여 검사의 타당도 저하에 대한 문제가 제기될 수 있다. 국내에서 유통되고 있는 DISC 검사들도 인터넷 보급으로 인해 일반인들의 접근성이 증가하였고, 판권이 있는 유료 검사도 문항의 내용이 유출된 경우가 많다. 검사의 목적에 맞지 않는 무분별한 시행, 검사 결과에 대한 적절한 해석의 부재 등으로 인하여, DISC 이론에 대한 올바른 이해가 전제되지 않은 상태에서 행동 유형을 무리하게 추정하고, 내용을 오도하는 경우가 늘었다. 따라서 DISC 이론에 대한 올바른 이해와 적절한 해석이 제공되는 새로운 검사 시스템을 마련할 필요가 있다.

또한, 기존 검사들의 개발 시점에서 사용된 규준집단이 세월이 지남에 따라 더 이상 현대의 일반적인 모집단을 대표하지 못한다는 문제가 제기될 수 있다. 더군다나 기존 검사들의 경우, 검사의 표준화 단계에서 검사의 목적에 부합하는 적절한 대표성을 지닌 표본이 고르게 포함되었는지 확인이 어렵다. 이러한 문제점을 해결하기 위하여, K-DISC 검사는 검사의 목적을 직장·업무 환경에서 보이는 행동특성 예측으로 분명하게 명시하고, 이러한 목적성에 맞는 대표적인 규준집단을 포함하고자 하였다. 1, 2차에 걸친 설문조사를 통하여, 다양한 직장·업무에 종사 중인 직업인들을 대상으로 표준화 검사가 실시되었으며, 20~60대에 이르는 다양한 연령층을 포함하고, 남녀의 성비 등을 고려하여 새로운 규준집단을 마련하였다.

기존 DISC 검사의 초석이 된 Boyd(1994)의 저서는 출간된 지 약 30년이 지났으며, 이를 바탕으로 만들어진 검사 문항들은 현대의 특징을 반영하는 데 무리가 있다. 따라서 시대에 맞지 않는 내용이나 표현을 수정하고, 현대 직업인들의 실제 경험을 생생하게 반영한 문항을 개발할 필요가 있다. K-DISC 검사는 문항 개발 단계에서 문항 내용 및 표현의 적절성을 확인하기 위하여, 여러 전문가의 의견 수렴을 통해 치밀한 수정 작업을 거쳤다.

2.4. 사회적 바람직성 영향 최소화

　　자기보고(self-reporting) 검사의 대표적인 한계는 사회적 바람직성 편향(social desirability bias)으로 인하여 수검자들의 응답이 편향될 수 있다는 것이다. 사회적 바람직성이란, 설문조사에서 수검자가 실제에 근거하여 사실대로 응답하는 것이 아니라, 사회적 승인을 높이는 방식으로 응답하려는 성향을 의미한다. 즉, 사회적으로 용인할 수 있고, 바람직하게 여겨지는 사람으로 보이고자 하는 욕구 때문에, 수검자들이 실제 자기보다 긍정적인 모습으로 과장되게 보고할 가능성이 있다(권희경, 이현주, 2020). 특히 DISC 검사는 직장의 인사 교육에서 집단으로 실시하고 해석이 이루어지는 경우가 많기 때문에, 자신의 검사 결과가 타인에게 공개될 수 있다는 사실을 인지한 상태에서 검사에 임하는 경우가 많다. 검사 결과에 대한 비밀 보장이 되지 않는 환경이나 개인의 이해관계가 작용하는 환경에서는 사회적 바람직성 편향이 더 크게 작용할 소지가 있다. 또한, 직업 장면같이 역할에 따른 책임과 의무가 분명하고, 이에 따른 보상과 처벌이 주어질 수 있는 환경에서는 자신의 약점이나 문제점을 솔직하게 드러내는 것이 더욱 어렵다.

본 개발자들은 기존의 DISC 검사들의 문항 내용을 검토한 결과, 기존의 검사들이 사회적 바람직성 편향으로 인하여, 결과가 상당히 오도되었을 가능성이 있다는 결론에 이르렀다. 이러한 문제는 기존 DISC 검사에서 사용되는 문항 내용이 네 가지 유형(주도형, 사교형, 안정형, 신중형) 간에 균형적으로 배치되지 않았기 때문에 발생하는 것으로 보인다. 예를 들어, 국내에서 유통되고 있는 DISC 검사 문항 중에서, '아이디어가 많은, 활기 있는'이라는 표현은 사교형(I)에 해당하는 문항으로, '상냥한, 행동이 느린, 온순한'이라는 표현은 안정형(S)에 해당하는 문항으로 제시되고 있다. 그런데 문항의 내용을 면밀히 살펴보면, 사교형(I)에 해당하는 표현은 모두 긍정적인 표현으로 구성되어 있는 반면, 안정형(S)에 해당하는 '행동이 느린'이라는 표현은 부정적인 의미를 내포하고 있다. 따라서 이러한 문항에 노출된 수검자 중에서 사회적 바람직성의 영향을 크게 받는 사람들은 안정형(S)보다는 사교형(I)을 선택할 가능성이 높다. 이는 해당 수검자가 실제로 사교형에 속해서 이러한 응답을 선택한 것인지, 사회적 바람직성으로 인해 선택한 것인지 판단을 어렵게 만드는 요소로 작용한다.

국내에서 유통되고 있는 DISC 검사들의 문항을 종합적으로 검토한 결과, 이와 같이 문항 내용의 긍정적/부정적 의미가 균형적이지 못하게 배치된 경우가 상당히 많음을 발견하였다. 대체로 사교형(I)에 속하는 문항들은 긍정적 표현 위주로 치우쳐 있는 반면, 안정형(S)이나 주도형(D)에 속하는 문항 중에는 부정적인 표현의 비중이 높게 나타났다. 안정형(S)의 경우, '순응하는, 거절을 못 하는, 싫은 소리를 못 하는' 같이 소극적이고 수동적인 측면이 강조된 경우가 많았고, 주도형(D)의 경우, '싫증을 잘 내는, 완고한, 직설적인, 독단적인' 같이 변덕스럽고 강압적인 측면이 강조된 경우가 많았다.

이와 같이 문항의 내용 자체가 사교형(I)에 유리하게 구성되어 있어서, DISC 관련 연구 결과를 살펴보면, 일관되게 모집단 중에서 사교형(I)의 비율이 가장 높게 보고되는 경향이 있다. 조민영(2007)의 연구에서는 모집단 192명 중 사교형(I)의 비율이 무려 100명, 52%로 가장 높게 나타났고, 이어서 신중형은 34명(17.7%), 안정형은 30명(15.6%), 주도형은 28명(14.6%)으로 보고되었다. 손미혜(2013)의 연구에서는 전체 252명 중 사교형(I)의 비율이 103명(40.9%)으로 가장 높았으며, 이어서 신중형(C)은 68명(27.0%), 주도형(D)은 62명(24.6%), 안정형(S)은 19명(7.5%) 순으로 나타났다.

DISC 이론은 인간의 행동 특징을 속도와 우선순위를 축으로 나누어 간편하게 설명하는 이론일 뿐, 네 유형 간의 우열을 가르거나 비교하는 이론이 아니다. DISC 이론에 근거하여 소개된 네 가지 행동 유형은 유형마다 장단점을 지니고 있으며, 인간이 가지고 있는 성격 특성들은 대부분 복합적인 측면을 지닌다. 그러나 기존의 DISC 문항들은 네 유형의 긍정적, 부정적 특징을 균형 있게 포함하지 못하였고, 사교형(I)을 지나치게 긍정적으로 묘사하여, 사교형(I)이 대인관계에 능하고, 인기가 많으며 사회적으로 추앙받는 유형으로 인식하게끔 오도하는 경향이 있다. 이는 DISC 검사의 목적성에 부합하지 않을 뿐 아니라, 수검자들이 자신의 특성을 부정하거나, 사회 비교를 통해 자신감을 잃는 결과로 이어질 위험성도 존재한다.

이와 같은 문제점을 개선하고자, K-DISC 검사는 문항 개발 단계에서 긍정적/부정적 문항의 비중을 고려하여, 네 가지 행동 유형에 고르게 포함되도록 구성하였다. 긍정 문항의 경우, 네 가지 행동 유형에서 나타나는 긍정적 특징으로 일관되게 보기를 구성하고, 부정 문항의 경우, 네 유형 모두 부정적 특징으로 일관되게 보기를 구성하였다. 따라서 네 개의 긍정적인 특징 중 자신에게 더 알맞은 보기를 선택하고, 네 개의 부정적인 특징 중에서 자신에게 더 알맞은 보기를 선택할 수 있게끔 하였다. 이러한 문항 배치를 통해, 수검자들이 자신의 긍정적, 부정적 측면을 인위적으로 과장하거나, 부정하지 않고, 모든 유형에는 각기 서로 다른 장단점이 있음을 인식하고 솔직하게 응답할 수 있게끔 하였다.

　이러한 노력으로 인하여, K-DISC 검사 표준화 단계에서 모집된 대상자들의 네 가지 행동 유형 비율은 기존 검사와 사뭇 다르게 나타났다. 상대적으로 사교형(I)의 비율이 줄어들고, 나머지 유형들의 비율이 높아졌음을 확인할 수 있다. 상세한 결과는 본 책자의 표 18에서 확인이 가능하다.

2.5. 환경(Adapted)과 본성(Natural) 구분의 적절성에 대한 문제 제기

본 연구진이 기존 DISC 검사들의 응답 및 채점 체계를 검토하던 중, 범주형 접근을 취하고 있는 기존 DISC 검사 중에서, 수검자들에게 자신과 가장 일치하는 표현을 골라 '최고'란에 표시하고, 자신과 가장 일치하지 않는 표현을 골라 '최소'란에 표시한 뒤, 최고값과 최솟값을 각각 합산하는 채점 체계를 가진 검사들을 발견하였다. 흔히 자신의 모습과 가장 일치하는 문항을 고르는 것은 심리검사에서 일반적인 방식이지만 가장 일치하지 않는 모습을 동시에 고르는 것은 일반적인 방식이 아니다. 이는 각 선택이 차이가 있다는 주장을 반영하는데, 김재득 등(2015)에 의하면 가장 일치한다고 응답한 표현(most like me)은 환경에 적응한 자신의 모습이며, 가장 일치하지 않는 표현(least like me)은 본성의 영향을 많이 받는다는 주장이다. 김재득 등(2015)의 저서에서는 싫어하고 불편해하는 것이 본능에 속한다고 주장하였는데, 이에 대한 근거로 싫어하고 불편해하는 것이 원시 뇌에 해당하는 변연계의 지배를 받기 때문에 거짓이 불가한 반면, 편안하고 선호하는 것은 계산과 분석이 가능한 신피질의 영향을 받기 때문에 거짓이 가능하다고 보았다. 따라서 싫어하고 기피하는 것은 본능적인 반응이어서 변화될 수 없고, 편안하고 선호하는 것은 후천적 학습이 가능하기 때문에 환경의 영향으로 해석한 것이다.

즉, 기존 DISC 검사 중에서, 자신에게 가장 편하거나 가깝게 느껴지는 것(나와 가장 일치한다는 문항이 반영함)을 환경적 적응을 위해 후천적으로 습득된 행동 특징으로 간주하고, 가장 싫어하고 불편해하는 것에는(나와 가장 불일치한다는 문항이 반영함) 타고난 본능이 개입되었을 것이라고 전제하는 검사들이 있는 것이다. 예를 들어 설명하자면, '나는 진취적이다'라는 문항이 자신과 매우 일치한다고 응답한 사람은 진취성이 자신의 특징이긴 하지만 본성보다는 환경적 적응의 결과로 보는 것이다. 만일 이 사람이 '나는 부지런하다'라는 문항이 자신과 가장 거리가 멀다고 응답한다면, 본능적으로 부지런한 특성을 거부하기에 이렇게 응답했다고 가정한다.

물론 자신을 가장 잘 나타내는 행동 유형뿐만 아니라 자신과 가장 거리가 먼 행동 유형도 수검자에 대해 알려주는 좋은 지표가 된다. 이를 통해, 자신에게 가장 뚜렷하게 나타나는 행동 특징과 가장 부족한 행동 특징을 파악하고 이해하는 것은 도움이 될 수 있다. 그러나 자신과 가장 일치하는 문항이 환경에 적응한 모습을 반영하고 일치하지 않는 문항은 본능의 영향을 받는다는 가정엔 무리가 있다. 본 연구진이 이러한 가정에 대한 논리적, 경험적 근거를 찾고자 시도하였으나, 이를 찾아보기 어려웠다. 이것은 심리학에서 중요하게 다루어지는 '환경 대 본성(Adapted vs Nature)' 이슈에[2] 문항 응답 방식의 차이점, 즉 '가장 일치한다(most like me)'와 '가장 일치하지 않는다(least like me)'를 섞어 놓은 것이다.

아울러 혐오 반응은 변연계의 지배를 받고, 긍정 반응은 신피질의 지배를 받는다는 이분법적인 해석은 뇌의 복잡성을 간과한 해석으로 사료된다. 혐오 자극을 피하거나 제거하고자 하는 동기는 긍정적인 자극을 선호하는 것보다 강력하게 작용하고 생존과 더 밀접한 관련이 있다는 것이 널리 받아들여져 온 것은 사실이나, 최근 긍정 정서에 대한 연구 결과를 살펴보면, 긍정 정서도 부정 정서와 마찬가지로, 인간의 생존에 기여하는 진화적 가치가 있다는 것이 밝혀져 왔다(Davidson et al, 2000; Fredrickson, 2001). 따라서 편안하게 긍정적으로 받아들이는 것이 반드시 후천적 학습의 결과라고 단정 지어 말하기는 어렵다. 이에 따라, 김재득 등(2015)도 실제 DISC 검사를 실시하고 해석하는 현장에서, 최고값과 최솟값이 각각 무엇에 해당하는지 합의가 이루어지지 않은 채, 교육기관마다 서로 다른 해석을 적용하여 혼란을 가중시킨다고 문제를 제기하기도 하였다.

그리고 심리 측정적 이론의 틀에서 본다면, 최고값과 최솟값에 해당하는 응답은 모두 자기 보고식 검사를 통해 측정된 값인데, 자기 보고식 검사는 기본적으로 의식적인 수준에서 수검자의 자기개념을 반영한다고 볼 수 있다. 즉, 수검자가 생각하기에, '나는 어떤 모습과 더 가깝고, 어떤 모습과는 거리가 멀다'는 자기 인식이 반영된 결과이다. 둘 다 수검자가 스스로 보고한 값인데, 이에 대하여 자신과 가깝다고 여기는 모습은 후천적 환경의 영향이고, 자신과 다르다고 여기

---

[2] 흔히 심리학에서는 본성 대 환경을 영어로는 Nature & Nurture로 표기한다.

는 모습은 본능적 기질이 작용한 결과라고 해석하기는 어려우며, 이를 뒷받침할 과학적 근거도 부족하다. 예를 들어 설명하자면, '나는 이기적이다'라는 문항이 자신과 거리가 멀다고 응답한 경우, 이것은 타고난 본성이 이타적이기 때문일 수도 있지만 후천적으로 가정이나 사회에서 이기적인 태도가 좋지 않다고 배웠기 때문일 수도 있다. 따라서 만일 수검자가 기피하고 불편해하는 모습이 더 무의식적이고 본능적인 모습을 반영하는지 알고 싶다면, 지필식 심리검사 문항에 응답할 것이 아니라 특별히 설계된 암묵적 검사 도구나 생리학적 측정치 등을 도입해야 할 것이다.

위와 같은 이유로 본 개발자들은 현재와 같은 자기 보고식 검사를 통해, 최고값에 해당하는 유형과 최솟값에 해당하는 유형을 임의로 환경과 본능의 영향으로 구분하는 접근법에 문제가 있다고 보았다. 따라서 K-DISC 검사는 이러한 임의적인 이분법적 접근을 지양하고, 자기 보고식 검사를 통해 드러나는 수검자의 표면적인 행동 특성과 의식적인 자기개념을 측정하는 검사로 개념화하였다. 이러한 표면적 행동 특성 및 자기개념은 환경과 본성의 상호작용 결과이며, 변화 가능한 속성을 지니고 있다. K-DISC 검사는 자기 보고식 도구를 통해 추정하기 어려운 환경과 본성의 영향이 어디까지인지, 그 정도가 얼마나 되는지 등에 대한 무리한 추측을 배제하고, 명확하게 드러나는 특성과 변화 가능성에 초점을 맞추었다.

3.

K-DISC의 특징

3.1. 직장·업무 환경에 특화된 검사
3.2. 다양한 버전 검사의 도입
3.3. 행동 유형의 신뢰성 향상
3.4. 풍부하고 창조적인 결과 해석 보장
3.5. 적용 대상의 다양성
3.6. 직장 생활의 다양한 측면에 대한 시사점 제공

새로 개발된 K-DISC 행동 유형 검사의 고유한 특징과 장점을 다음과 같이 다섯 가지 측면에서 설명할 수 있다.

3.1. 직장·업무 환경에 특화된 검사

    K-DISC 검사는 개인이 직장·업무 환경에서 나타내는 고유한 행동 유형을 예측하기 위한 척도로, 문항의 개발 단계부터 직장·업무 환경에 최적화된 문항을 선정하였다. 기존에 사용되고 있는 DISC 검사의 경우, 행동이 나타나는 구체적인 맥락을 지정하지 않고, 광범위한 맥락에서 나타내는 일반적인 행동 경향을 측정하는 경향이 있다. 예를 들어, '다음은 귀하의 행동 유형을 알아보기 위한 질문입니다. 평소 귀하의 모습과 가장 가까운 모습을 선택해 주십시오.' 같이 지시문이 제시될 경우, 수검자는 여러 맥락에서 나타나는 자신의 다양한 모습 중 어떤 모습을 선택할지 혼란을 겪을 수 있다. 직장에서 자신의 행동과 가정에서 행동 간에 괴리가 클 경우, 어떤 모습을 기준으로 답해야 할지 어려움을 겪는다. 또한, 직장 동료들과의 관계에서 나타나는 자신의 모습과 친한 친구 및 가족과의 관계에서 나타나는 자신의 모습은 다를 수 있다. 이는 실제로 DISC 검사를 현장에서 실시할 때,

수검자들로부터 가장 많은 질문이 제기되는 문제점으로 지적되곤 하였다.

　이러한 문제점을 보완하기 위하여, 일부 DISC 검사에서는 문항에 응답하기 전에 구체적인 환경을 설정하도록 지시한다. 예를 들어, 학교, 직장, 동아리, 집, 교회 등의 환경 중 검사를 통해 측정하고자 하는 환경을 수검자가 고르고, 이후 이러한 환경에서 자신의 모습을 떠올리며 응답하는 것이다. 이는 문항의 처음부터 끝까지 한 가지 일관된 환경을 지정하여 응답함으로써, 자신의 다양한 모습 중 무엇을 기준으로 응답해야 할지 모르는 혼란을 방지할 수 있다는 장점이 있다. 그러나 문항의 내용은 여전히 다양한 환경에서 적용될 수 있는 포괄적인 내용으로 구성되어 있기 때문에, 특정한 맥락에서 나타나는 구체적인 행동 경향성을 탐지하는 데 한계가 있다.

　위와 같은 단점을 보완하기 위하여, K-DISC 검사는 개발 초기부터 직장·업무 환경에서 나타내는 구체적인 행동 경향성 예측을 목표로, 직장·업무 환경에 특화된 문항을 구성하였다. 이를 통해, K-DISC 검사를 통해 추정된 네 가지 행동 유형은 전반적인 행동 경향성을 예측할 뿐 아니라, 각 유형의 사람들이 나타내는 구체적인 행동 특징까지 예측할 수 있도록 함으로써, 검사의 정교성을 더하였다. 또한, 검사의 지시문에서 '직장·업무 환경에서 자신의 모습을 가장 잘 나타내는 표현을 하나 선택하고, 그다음 두 번째로 자신을 잘 나타내는 표현을 하나 선택하세요.'라고 구체적인 맥락을 제시하였다. 이를 통해, 수검자들이 겪는 혼란을 방지하고, 일관된 기준으로 자신의 행동 특징을 보고할 수 있도록 고안하였다.

3.2. 다양한 버전 검사의 도입

K-DISC 검사는 다양한 버전의 검사 세트로 구성되어 있다. 세 가지 버전(문장형, 형용사형, 하이브리드형)의 검사 중에서 사용 목적에 맞는 검사 세트를 선택하여 실시할 수 있게끔 하였다.

먼저 문장형 검사 세트는 총 16문항으로, 직장·업무 환경에서 각 유형별 사람들이 나타내는 구체적인 행동 특징을 파악하고, 서로의 차이점을 생생하게 이해하고자 할 때 유용하다. 각 문항에서는 특정 상황에서 나타낼 수 있는 네 개의 서로 다른 행동 예시가 제시된다. 수검자는 특정 상황에서 자신이라면, 어떻게 행동할 것인지를 응답하도록 요청받는다. 예를 들어, 문장형 8번 문항의 네 가지 행동 예시는 다음과 같다. (1) 팀워크를 할 때 내가 지시해야 잘 진행된다(D), (2) 혼자 하는 업무보다는 여럿이 함께 하는 업무가 재미있다(I), (3) 함께 모여 팀워크를 한다면, 보조를 잘할 수 있다(S), (4) 팀워크보다는 혼자 하는 작업이 마음 편하고 좋다(C). 이와 같이, '팀워크'라는 동일 주제에 대하여, 주도형(D), 사교형(I), 안정형(S), 신중형(C) 사람들이 가지고 있는 가치와 선호를 명확하게 비교할 수 있게끔 문항이 설계되어 있다. 따라서 수검자들은 문장형 세트의 문항을 응답하는 과정에서, 자연스럽게 자신의 구체적인 행동 특징을 떠올리게 되고, 자신과 다른 사람들은 동일한 상황에서 어떠한 기준을 바탕으로 서로 다르게 행동하는지 이해하는 계기가 된다. 참고로 문장형에 속한 16개 문항은 대부분 직장 및 업무 상황에 대한 기술이 포함되어 있으므로, 직장 및 업무 상황에 더욱 적합하다 할 수 있다. 그리고 특정 행동이 구체적으로 기술되어 행동에 초점을 맞춘 검사라 볼 수 있다.

　다음으로 형용사형 검사 세트는 총 16문항으로, 직장·업무 환경에서 각 유형별 사람이 가지고 있는 자아상을 측정하는 데 유용하다. 해당 검사 세트에서는 문항마다 개인을 묘사하는 네 개의 형용사 단어가 제시된다. 수검자들은 네 개의 형용사 중에서 자신의 모습을 가장 잘 나타낸다고 생각되는 형용사를 선택하도록 요청받는다. 예를 들어, 형용사형 1번 문항의 네 가지 형용사 예시는 다음과 같다. (1) 리더십 있는(D), (2) 재치 있는(I), (3) 온순한(S), (4) 꼼꼼한(C). 형용사 예시는 DISC 관련 문헌과 네 유형별 인물들의 인터뷰 내용을 토대로, 네 유형의 전형적인 특징을 반영하도록 구성되었다. 또한, 각 유형별 장점에 해당하는 12문항과 단점에 해당하는 4문항을 배치하여, 수검자들이 응답하는 과정에서 자신의 장단점을 되돌아보고, 통합적인 자아상을 인식할 수 있게끔 하였다. 이러한 과정을 통해 수검자들은 네 유형은 각기 서로 다른 장단점을 지니고 있을 뿐, 어느 한 유형이 다른 유형보다 더 우수하거나 열등한 것이 아님을 이해할 수 있고, 자신과 다른 유형의 사람들에 대해서도 통합적인 관점을 가질 수 있다.

참고로 형용사형에 속한 16개 문항은 특정 상황에 대한 기술이 포함되어 있지 않고 단지 형용사만 제시되기에, 개인 일상생활 전반에서 통합적인 자아상 파악에 더욱 적합하다 할 수 있다.

마지막으로 하이브리드형 검사 세트는 문장형 16문항과 형용사형 16문항을 모두 함께 실시하는 혼합형 검사(32문항)를 말한다. 문장형과 형용사형을 각각 개별적으로 실시할 때 보다, 문항 수가 많아서 소요 시간이 길어진다는 단점이 있으나, 문장형과 형용사형의 장점을 모두 살릴 수 있다. 구체적인 행동 특징과 통합적인 자아상 측정이 모두 가능하다. 또한, 문항 수가 늘어남으로써, 검사의 신뢰도 또한 문장형, 형용사형 검사를 개별적으로 실시할 때보다 우수하다는 장점이 있다. 검사 시간이 촉박한 경우가 아니라면, 하이브리드형 검사 세트를 실시함으로써, 문장형 및 형용사형 검사 세트의 장점을 모두 활용할 수 있다.

3.3. 행동 유형의 신뢰성 향상

앞서 소개한 바와 같이, K-DISC 검사는 세 가지 버전의 검사 세트를 포함함으로써, 네 가지 행동 유형에 더욱 신뢰할 만한 예측이 가능하다. 하나의 검사 세트에서 도출된 유형이 다른 검사 세트에서 도출된 유형과 일치하는지 손쉽게 확인할 수 있다. 만일 세 가지 버전의 검사 세트에서 도출된 유형이 모두 일치한다면, 그 수검자는 매우 안정적으로 해당 유형에 속한다고 말할 수 있다. 반면, 세 가지 버전의 검사 세트에서 도출된 유형이 불일치한다면, 수검자의 DISC 행동 유형은 맥락에 따라 가변적이거나, 특정 유형이 뚜렷하지 않고 서로 다른 유형의 특징을 고루 지니고 있을 가능성이 있다. 예를 들어, 문장형 검사에서 주도형(D)으로 나왔으나, 형용사형 검사에서 신중형(C)으로 나왔다면, 이 수검자는 의식적으로 자신을 신중형(C)이라고 인식하는 경향이 있으나, 실질적인 행동은 주도형(D)에 가깝게 하고 있을 가능성이 있다. 아니면, 주도형(D)과 신중형(C)의 특징을 비슷한 수준으로 가지고 있기 때문에, 경우에 따라 주도형(D)과 신중형(C)이 번갈아 가며 나올 가능성이 있다. 이런 상황에서는 문장형과 형용사형을 합산한 하이브리드형 검사 결과가 조금 더 안정적인 유형을 예측하는 데 도움이 될 수 있다.

이와 같이 K-DISC는 다양한 버전의 검사 세트를 포함하고 있기 때문에, 동일 시점에서 행동 유형에 대한 교차 비교가 가능하다는 장점이 있다. 만일 단일한 문항 세트만을 포함한다면, 행동 유형의 신뢰도를 확인하기 위하여, 일정한 시간이 흐른 후 재검사를 실시하여 검사-재검사 신뢰도를 확인하거나, 한 검사 세트의 문항을 임의로 반으로 나누어 반분 신뢰도를 확인해야 하는 번거로움이 있다.

또한, K-DISC 검사는 행동 유형 추정에 대한 신뢰도를 향상하기 위하여, 자신의 모습을 가장 잘 나타내는 예시와 더불어, 두 번째로 자신을 잘 나타내는 예시를 함께 선택하도록 지시문을 제공한다. 만일 주도형(D)과 신중형(C) 성향이 고루 높은 수검자가 두 유형 중 하나의 예시만 선택해야 할 경우, 수검자는 압박감을 경험할 수 있고, 이를 통해 추정된 검사 결과는 수검자의 주요한 특징을 임의로 배제하는 단점이 있다. K-DISC에서는 가중치를 두어 두 개까지 자신과 유사한 예시를 선택하게 함으로써 이러한 단점을 보완하고자 하였다. 이러한 이중 선택을 통해 추정된 행동 유형은 수검자의 특징을 더욱 안정적으로 반영할 수 있을 것으로 기대된다. 또한, 수검자도 응답 과정에서 자신이 어느 쪽에 더 가까운지를 돌아보고 우선순위를 선택함으로써, 자신에 대한 더욱 정교한 이해가 가능하도록 문항을 구성하였다.

3.4. 풍부하고 창조적인 결과 해석 보장

앞에서 언급한 '환경 대 본성(Adapted vs Nature)'의 차이를 다시 떠올려보자. 심리학에서 '환경 대 본성'은 매우 중요한 주제이며, 일부 DISC 검사들도 이 주제를 검사 해석에 차용하여 해석을 풍부하게 하고 있다. 예를 들어 아래 그림 5와 같이, 대개 최고값과 최솟값을 동시에 고려하는 채점 체계의 경우, 최고값을 가지고 하나의 DISC 프로파일(환경에 적응)을 만들고 최솟값을 변환시켜 또 하나의 DISC 프로파일(본성)을 만들어 총 2개의 프로파일을 산출해 낸다. 그림에서 보면, 수검자에게서 가장 높은 두 특성은 S와 C인데, 이때 S가 가장 높은 것은 환경적 적응의 결과지만 본성적으로는 C형으로 타고났다고 해석이 된다. 즉, 본성적으로 C형으로 타고났는데, 환경적 적응의 결과물로 현재 S가 가장 우선적인 행동 특성으로 드러난다는 것이다(그림 5 참조).

그림 5. 환경 대 본성 프로파일 예시

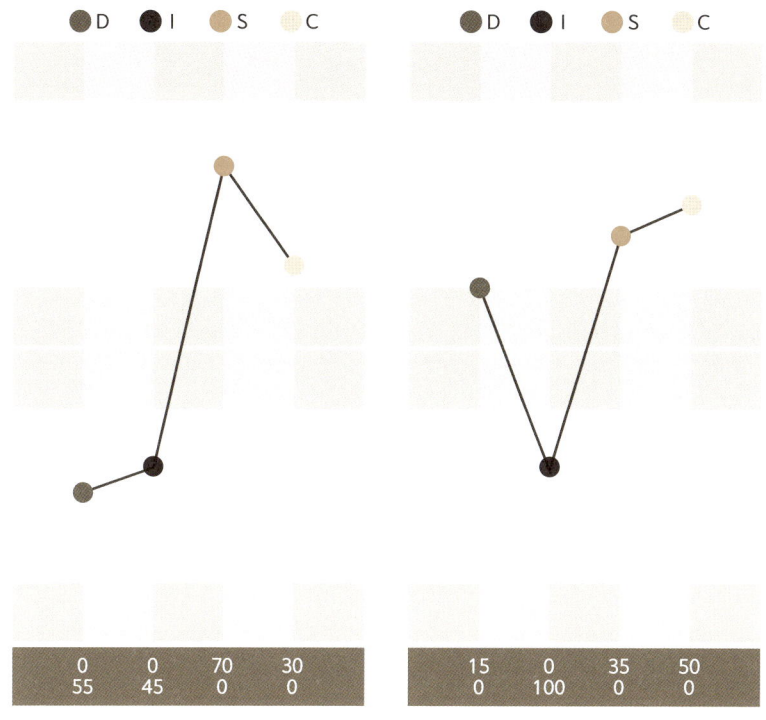

 이러한 해석의 확장은 매우 중요하며, 본 연구진도 그 의의를 인정할 수밖에 없다. 그만큼 인간을 연구하는 학문 분야에서는 타고난 측면과 후천적으로 적응하게 되는 측면이 둘 다 중요할 수밖에 없기 때문이다. 그리고 이 둘 간의 일치도 나 차이를 살펴보는 것은 수검자를 이해하는데도 큰 도움이 된다. 만일 둘 간에 일치한다면 큰 문제는 없겠지만, 본성을 반영하는 그래프와 환경적 적응을 반영하는 그래프 간 큰 차이가 나타난다면, 이는 수검자가 본성을 누르고 환경에 적응하기 위해 매우 애쓰고 있음을 반영하며, 이는 긴장이나 압박감의

증가로 이어지고, 결국 정신건강의 문제가 생길 것을 예측할 수 있기 때문이다.

따라서 본 연구에서도, 검사 결과를 수검자에게 해석해 줄 때 본인의 주요 DISC 유형 외에도 '환경 대 본성'의 구분을 설명해 줄 것을 권고하며, 수검자가 자신을 되돌아보며 어떤 부분이 더 타고났는지, 어떤 부분이 후천적 학습 및 적응의 결과로 길러졌는지 자기성찰을 할 수 있도록 이끌어주어야 할 것이다.

한편, 본 연구진이 개발한 DISC의 경우 형용사 단어만 나열한 형용사형과, 구체적인 업무 상황에서 구체적인 행동 특성을 기술한 문장형 두 가지 버전이 있다. 형용사형의 경우 앞뒤 맥락이 없고, 기질, 태도, 행동, 감정 등을 모두 포함하고 있으므로 수검자가 전반적으로 자신을 어떻게 생각하는지에 대한, 즉 전반적 자기상을 보여준다고 할 수 있다. 이것을 '환경 대 본성'의 틀로 본다면 '환경'에 좀 더 가깝다고 할 것이다. 환경 속에 적응한 자기개념(self-concept)의 측면이 강하기 때문이다. 그리고 문장형의 경우 특정 업무 상황 및 이때 취하는 구체적인 행동에 대한 기술이 포함되어 있는데, 행동이 강조되어 있다는 점에서 '본성'에 좀 더 가깝다고 할 수 있다. 그러나 이러한 구분은 아직 이론적 근거가 부족하므로 굳이 '환경 대 본성'의 틀을 끌어다 쓸 필요 없이 '자기개념 대 행동'을 구별하여 해석한다면 그것으로도 충분히 의의가 있을 것이다.

예를 들어 설명하자면, 그림 6에서 수검자는 형용사형에서는 단독 I형으로 나타나지만, 문장형에서는 IS으로 나타나고 있다. 이것은 수검자가 머리(생각)로는 자신을 친화적이고, 유쾌하며, 설득을 잘하고, 매력적인 사람으로 인식함을 보여주지만(I 유형의 특징), 행동적 측면 업무 상황의 행동에서는 I형의 행동 외에도 S형의 행동(참을성이나 배려심이 많고, 때론 갈등을 회피함)도 많이 나타난다는 것을 보여준다.

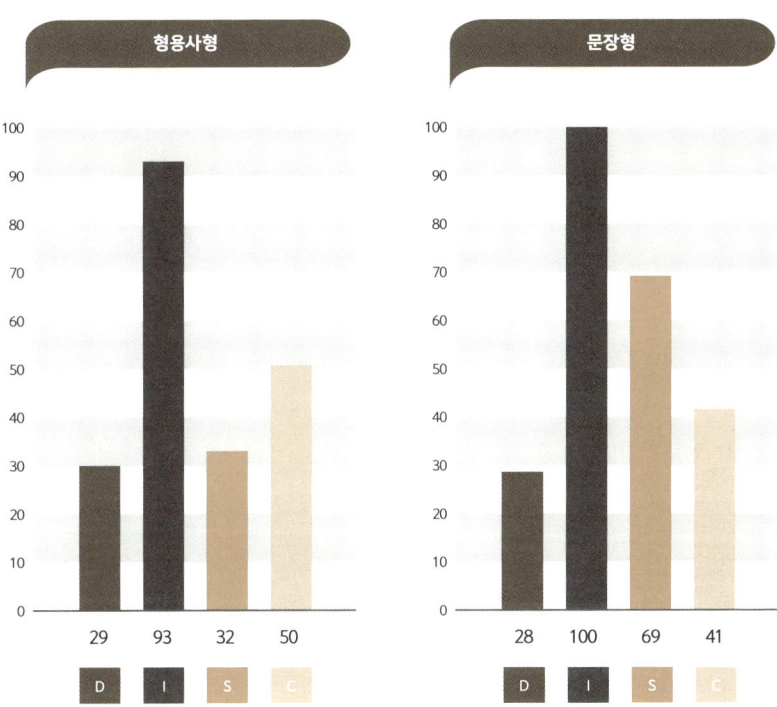

그림 6. 자기개념 대 행동 프로파일 예시

앞에서 언급했듯이 생각과 행동의 구별을 굳이 '환경 대 본성'의 틀에 적용시킬 것은 아니지만, 그래도 확장하여 해석해 본다면, 위 수검자의 경우 대인관계를 좋아하고 유쾌하기는 하지만 다소 소심한 측면도 타고난 것으로 보이는데(IS형), 다만 자신의 생각으로는 적극적이고 유쾌한 측면(I형)을 더 강조하고 있으면서 소심한 측면(S형)은 인정하지 않으려는 것처럼 보인다.

    이처럼 K-DISC에서는 형용사형과 문장형의 두 그래프를 산출함으로써, 기존의 '환경 대 본성' 해석뿐 아니라 '자기개념 vs 행동'의 해석도 가능하게 해주어 좀 더 풍부하고 확장적인 해석을 가능하게 해주는 것이다.

3.5. 적용 대상의 다양성

　　K-DISC 검사는 직장·업무 환경에서 나타나는 개인의 전형적인 행동 특성을 예측하기 위한 검사로, 다양한 직업군에서 활용이 가능하다. 문항 개발 단계에서 직장 생활 또는 업무 수행 시 마주할 수 있는 일반적인 주제들과 갈등, 대인 평가 등을 담아내고자 하였다. 또한, 검사 표준화 단계에서 1차, 2차 설문조사를 거치며 901명의 인원이 참여하였으며, 다양한 직업군의 참여자들을 포함하였다. 표준화 검사 참여자들의 직업은 사무직 424명(47.1%)으로 가장 높은 비율을 차지하였고, 이어서 서비스·판매직 211명(23.4%), 전문직 88명(9.8%), 생산직 76명(8.44%), 기타 62명(6.9%), 자영·상공업 40명(4.4%) 순으로 나타났다.

　　앞으로 K-DISC 검사의 활용이 증가하고 사용자 데이터가 누적됨에 따라, 직업군에 따른 특징에 대해서도 더욱 정교한 파악이 가능할 것으로 기대된다.

3.6. 직장 생활의 다양한 측면에 대한 시사점 제공

    K-DISC 검사는 표준화 단계에서 직장 생활과 관련된 다양한 측정치들을 포함하였다. 예를 들어, 직장 생활 전반에서 나타나는 커뮤니케이션 유형, 리더십 스타일, 직무스트레스의 종류와 정도에 대한 측정치를 포함하였다. K-DISC 검사를 통해 도출된 네 가지 행동 유형과 이러한 측정치들의 관련성에 대한 상세 분석을 진행하였고, 행동 유형에 따른 차이점과 시사점을 제공하고 있다.

    따라서 K-DISC 검사를 통해 주도형(D), 사교형(I), 안정형(S), 신중형(C)에서 나타나는 커뮤니케이션 특징, 리더십 스타일의 차이, 각 유형의 사람들이 주로 경험하는 스트레스의 종류, 스트레스 취약성에 대한 일반적인 정보를 파악할 수 있다. 상기 내용은 표 19, 20에서 확인할 수 있다. 이와 같이 K-DISC 검사는 경험적 근거를 바탕으로, 각 유형의 사람들이 직장·업무 환경에서 보이는 다양한 측면에 대한 실질적인 정보를 제공하고, 서로 다른 행동 유형의 사람들이 서로를 이해하고, 원만한 상호작용을 촉진하기 위한 용도로 개발되었다.

4.

K-DISC 행동 유형 검사 개발 및 타당화

4.1. K-DISC 검사의 개발 과정
4.2. 문헌 고찰 및 기존 척도 검토를 통한 예비 문항 제작
4.3. 예비 문항의 내용 타당도 검토
4.4. 예비검사(1차 조사) 실시 및 결과 분석
4.5. 본조사(2차 조사) 실시 및 결과 분석

4.1. K-DISC 검사의 개발 과정

　　K-DISC는 검사 문항의 의미가 명료하고 수검자가 검사의 목적을 파악할 수 있는 객관적 검사이며, 실시 방법과 절차, 결과 해석이 표준화된 표준화 검사이다. 따라서 표준화 검사의 일반적 개발 과정에 맞춰 검사 개발이 이루어졌다. 일반적으로 표준화된 객관적 검사의 제작 절차는 다음과 같다 : ① 검사 제작 목적 및 방향 설정 → ② 측정 내용의 정의 → ③ 검사 방법의 결정 → ④ 문항 개발 및 검토 → ⑤ 예비검사(문항)의 실시 → ⑥ 문항 분석과 수정을 거쳐 본 검사 확정 → ⑦ 본 검사 실시 → ⑧ 신뢰도와 타당도 검토 → ⑨ 규준 작성 → ⑩ 발행과 개정

　　위와 같은 절차는 표준 절차이나, 검사 제작 목적이나 방향 설정에 따라 세부 절차는 조금씩 달라질 수 있다. 본 K-DISC 개발 과정은, 임상심리학 박사 1인과 상담심리학과 교수 1인이 주축으로, 다음과 같이 진행되었다(그림 7).

그림 7. K-DISC 행동 유형 검사 개발 과정

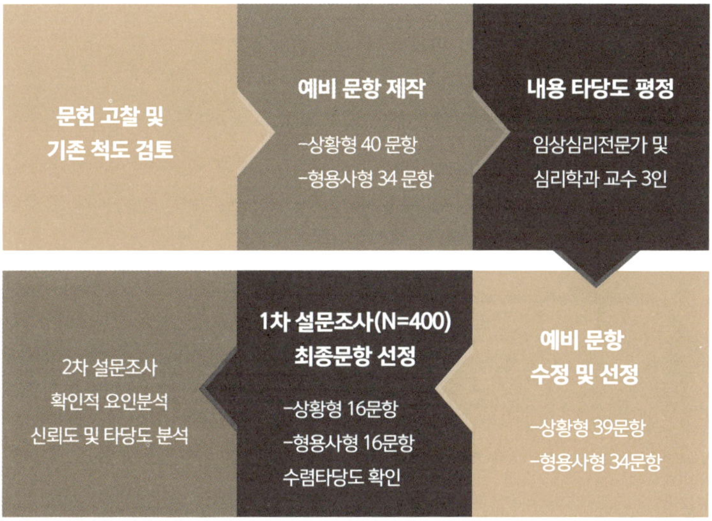

문헌 고찰 및 기존 척도 검토

예비 문항 제작
- 상황형 40 문항
- 형용사형 34 문항

내용 타당도 평정
임상심리전문가 및 심리학과 교수 3인

2차 설문조사
확인적 요인분석
신뢰도 및 타당도 분석

1차 설문조사(N=400) 최종문항 선정
- 상황형 16문항
- 형용사형 16문항
수렴타당도 확인

예비 문항 수정 및 선정
- 상황형 39문항
- 형용사형 34문항

4.2. 문헌 고찰 및 기존 척도 검토를 통한 예비 문항 제작

먼저 DISC 이론과 행동 유형 검사를 다룬 저서와 선행 연구, 기존 설문지를 검토하고, 주 1회 연구 미팅을 통하여 문항 개발에 대한 아이디어를 교류하였다. 또한, 현재 인사 교육 현장에서 DISC 검사 전문 강사로 활동하는 2인으로부터, 실제 직업 환경에서 네 유형의 사람들이 보이는 행동 특징과 DISC 검사에 대한 반응, 기존 검사의 장단점, 새로운 검사에 대한 요구 사항 등에 관한 의견을 수렴하였다.

문헌 검토 및 자문 내용을 토대로, K-DISC 행동 유형 검사에 포함될 예비 문항을 합리적-경험적 접근(rational-empirical approach)을 활용하여 제작하였다. 합리적-경험적 접근은 이론적 근거와 경험적 근거를 수집하고 통합하여 문항을 개발하는 방식으로서 이론적 근거에 의해 문항을 작성하고 경험적 자료를 근거로 문항을 수정하는 방법을 사용하였다. 문장형 문항의 경우, 총 40개의 예비 문항을 제작하였으며, 40가지 각기 다른 상황에서 네 유형의 사람들이 나타내는 차

별적인 행동 특성이 잘 드러나게끔 보기를 배치하였다. 형용사형의 경우, 네 유형의 특징을 반영하는 전형적인 형용사 보기를 유형별로 17개 선정한 뒤 무선 배치 방식으로 보기를 조합하여 총 34개의 예비 문항을 제작하였다.

표 2. K-DISC 문장형 예비 문항(40문항) 내용

번호	유형	내용
1	D	업무와 관련해서는 다른 사람의 기분을 상하게 하더라도 직설적으로 말하는 편이다.
	I	함께 일하는 사람들의 기분을 유쾌하게 해주려고 하는 편이다.
	S	직장에서 다른 사람의 말을 잘 듣고 동조해 주는 편이다.
	C	업무와 관련한 이야기를 할 때, 사실관계를 분석하면서 듣는 편이다.
2	D	나는 다른 사람들로부터 거침없고 주도적인 사람이라는 평을 듣는다.
	I	나는 다른 사람들로부터 유쾌하고 매력적인 사람이라는 평을 듣는다.
	S	나는 다른 사람들로부터 부드럽고 협조적인 사람이라는 평을 듣는다.
	C	나는 다른 사람들로부터 성실하고 정확한 사람이라는 평을 듣는다.
3	D	현재 업무가 맘에 들지 않으면 주도적으로 문제를 제기할 것이다.
	I	현재 업무가 맘에 들지 않으면 다른 사람들과 얘기를 나눌 것이다.
	S	현재 업무가 맘에 들지 않더라도 일단 상사의 말은 따를 것이다.
	C	현재 업무가 맘에 들지 않더라도 맡은 일은 성실하게 할 것이다.
4	D	내 의견에 반대하는 사람이 있더라도, 설득하며 일을 추진할 것이다.
	I	내 의견에 반대하는 사람이 있다면 포용하면서 설명할 것이다.
	S	내 의견을 주장하기보다, 다른 사람의 의견을 따르는 편이다.
	C	반대 의견을 말해야 한다면, 철저히 문서를 준비한 후에 말할 것이다.

번호	유형	내용
5	D	내가 상사라면 목표 달성을 위해 직원들의 불만은 감수할 것이다.
	I	내가 상사라면, 직원들과 즐겁게 일하는 것이 가장 중요하다.
	S	내가 상사라면, 나에게는 일보다 사람들의 마음을 다치지 않게 하는 것이 가장 중요하다.
	C	내가 상사라면, 일 처리가 조금 늦더라도 신중하고 정확하게 할 것이다.
6	D	동료의 잘못에 대해 단도직입적으로 말하나 뒤끝이 없는 편이다.
	I	동료의 잘못에 대해 포용하고 사기를 북돋아 주는 편이다.
	S	동료의 잘못에 대해 상대가 무안해하지 않도록 별말 없이 넘어가는 편이다.
	C	동료의 잘못에 대해 신경 쓰기보다는 내 일을 성실하고 정확하게 하면 된다고 생각한다.
7	D	직장에서 나는 강력하고 민첩하게 행동하는 편이다.
	I	직장에서 나는 활기차고 유쾌하게 행동하는 편이다.
	S	직장에서 나는 부드럽고 느긋하게 행동하는 편이다.
	C	직장에서 나는 신중하고 질서 있게 행동하는 편이다.
8	D	일할 때 나는 나의 이상과 목표를 실현하는 것이 가장 중요하다.
	I	일할 때 나는 사람들과 어울리며 즐겁게 하는 것이 가장 중요하다.
	S	일할 때 나는 사람들로부터 지지 받고 인정받는 것이 가장 중요하다.
	C	일할 때 나는 정확하고 완벽하게 계획을 실천하는 것이 가장 중요하다.
9	D	목표 달성에서 가장 중요한 것은 일을 기획하고 추진하는 능력이다.
	I	목표 달성을 위해서는 사람들을 설득하고 참여시키는 것이 매우 중요하다.
	S	목표 달성을 위해서는 서로 협조하는 것이 가장 중요하다.
	C	목표 달성을 위해서는 내가 성실하게 일하는 것이 가장 중요하다.

번호	유형	내용
10	D	나를 동물로 표현한다면 밀림의 왕 사자, 새의 왕 독수리에 가깝다.
	I	나를 동물로 표현한다면, 칭찬받으면 춤추는 돌고래, 재주 많은 원숭이에 가깝다.
	S	나를 동물로 표현한다면, 느리지만 꾸준한 거북이, 온순한 양에 가깝다.
	C	나를 동물로 표현한다면, 성실한 개미, 민감한 고양이에 가깝다.
11	D	내 삶의 모토는 '할 수 있다', '안 되면 되게 하라'에 가깝다.
	I	내 삶의 모토는 '괜찮아. 잘될 거야', '현재에 충실하자'에 가깝다.
	S	내 삶의 모토는 '모난 돌이 정 맞는다', '남에게 피해 주지 말자'에 가깝다.
	C	내 삶의 모토는 '돌다리도 두들겨보고 건너자'에 가깝다.
12	D	나는 주로 앞에 나서서 일을 주도하고 지시 내리는 역할을 한다.
	I	나는 주로 앞에 나서서 분위기를 띄우고 사기를 북돋아 주는 역할을 한다.
	S	나는 주로 앞에 나서기보다 동료를 돕고 지지해 주는 역할을 한다.
	C	나는 주로 앞에 나서기보다 지시를 정확하게 따르고, 실무를 충실하게 수행하는 역할을 한다.
13	D	새로운 일에 혼자 과감하게 도전하는 것을 즐긴다.
	I	새로운 일에 다른 사람들과 함께 도전하는 것을 즐긴다.
	S	새로운 일보다 익숙한 일을 다른 사람들과 함께하는 것이 좋다.
	C	새로운 일보다 익숙한 일을 혼자 하는 것이 좋다.
14	D	나는 일을 효율적으로 배분하고 추진한다.
	I	일이 많아지더라도 사람들과 함께 하면 괜찮다.
	S	할 일이 많은데도 다른 사람의 부탁을 거절하지 못할 때가 있다.
	C	일을 많이 받았을 때, 오랜 시간이 걸려서라도 묵묵히 해낸다.

번호	유형	내용
15	D	팀워크를 할 때 내가 지시해야 잘 진행된다.
	I	혼자 하는 업무보다는 여럿이 함께 하는 업무가 재미있다.
	S	함께 모여 팀워크를 한다면 보조를 잘할 수 있다.
	C	팀워크보다는 혼자 하는 작업이 마음 편하고 좋다.
16	D	경쟁에서 지는 것을 견디기 어렵고, 이길 때까지 계속 도전한다.
	I	경쟁의 결과보다는 사람들과 함께하는 과정을 즐긴다.
	S	경쟁에 지더라도 이긴 사람을 진심으로 축하해 준다.
	C	경쟁에서 지면 왜 졌는지 이유를 분석해 본다.
17	D	일할 때 나는 좋고 싫음이 분명하고, 이를 표현하는 데 거리낌이 없다.
	I	일할 때 나는 좋고 싫음이 분명하나, 다른 사람의 의견도 수용하려고 한다.
	S	일할 때 나는 좋고 싫음이 분명하지 않고, 다른 사람의 의견을 따르는 편이다.
	C	일할 때 나는 좋고 싫음보다는 정확하고 꾸준한 것이 중요하다고 생각한다.
18	D	일을 할 때, 목표 달성을 위해 최대한 원칙을 지켜나갈 것이다.
	I	일을 할 때, 사람들의 행복을 위해서라면, 때로 원칙을 포기할 수도 있다고 생각한다.
	S	일을 할 때, 원칙을 고집하면 사람들과 갈등이 생길까 염려된다.
	C	일을 할 때, 정해진 원칙이 있다면 바꾸지 않는 게 좋다.
19	D	나는 도전적이고, 보상이 확실한 환경에서 일하는 것이 좋다.
	I	나는 재미있고, 사람들과의 관계가 돈독한 환경에서 일하는 것이 좋다.
	S	나는 느긋하고, 서로 배려해 주는 환경에서 일하는 것이 좋다.
	C	나는 체계적이고, 조직화가 잘 되어있는 환경에서 일하는 것이 좋다.
20	D	나에게 가장 중요한 것은 '목표'와 '결과'이다.
	I	나에게 가장 중요한 것은 '사람'과 '인정'이다.
	S	나에게 가장 중요한 것은 '협력'과 '헌신'이다.
	C	나에게 가장 중요한 것은 '정확성'과 '꾸준함'이다.

번호	유형	내용
21	D	직장에서 내가 가장 두려워하는 것은 다른 사람에게 경쟁에서 밀리는 상황이다.
	I	직장에서 내가 가장 두려워하는 것은 사람들로부터 거부당하는 상황이다.
	S	직장에서 내가 가장 두려워하는 것은 급격한 변화 속에 마음의 평정을 잃는 상황이다.
	C	직장에서 내가 가장 두려워하는 것은 나의 실수로 비판을 받는 상황이다.
22	D	갈등이 생기면, 적극적으로 나서서 문제를 해결하고 체계를 세운다.
	I	갈등이 생기면, 원만하게 갈등을 중재하려고 한다.
	S	갈등이 생기면, 가급적 갈등을 더 키우지 않는 것이 중요하다.
	C	갈등이 생기더라도, 각자 맡은 일을 꾸준히 해나가면 풀릴 것이다.
23	D	나는 유능하고 도전적인 사람과 함께 일하는 것이 좋다.
	I	나는 공감적이고 칭찬에 인색하지 않은 사람과 함께 일하는 것이 좋다.
	S	나는 급하게 재촉하지 않고, 인간적 관심을 보여주는 사람과 함께 일하는 것이 좋다.
	C	나는 똑똑하고, 시간 약속을 잘 지키는 사람과 함께 일하는 것이 좋다.
24	D	나는 압박을 받거나 힘들 때면, 공격적이고 경쟁적으로 변한다.
	I	나는 압박을 받거나 힘들 때면, 즉흥적이고 무책임하게 변한다.
	S	나는 압박을 받거나 힘들 때면, 주저하고 무력하게 변한다.
	C	나는 압박을 받거나 힘들 때면, 예민하고 걱정이 많아진다.
25	D	규칙을 지키지 않는 사람을 보면 바로 잘못을 지적할 수 있다.
	I	규칙을 지키지 않는 사람과도 친하게 지낼 수 있다.
	S	규칙을 지키지 않는 사람을 보면 마음이 불편하지만 갈등을 일으키고 싶지 않아서 넘어간다.
	C	규칙을 지키지 않는 사람이 한 명도 없었으면 좋겠다.

번호	유형	내용
26	D	나는 조직 관리를 위해 회식을 자주 하는 것은 좋다고 생각한다.
	I	나는 화합을 도모하기 위한 회식에 자주 참여하고 싶다.
	S	회식 자리에서 다른 사람들의 얘기를 잘 듣는 편이다.
	C	사람들이 많이 모이는 회식보다는 개인 취미 생활을 하고 싶다.
27	D	나에게 성공이란, 권력과 명예를 얻는 것이다.
	I	나에게 성공이란, 사람들의 인정과 관심을 얻는 것이다.
	S	나에게 성공이란, 외부의 압박에서 자유롭게 마음 편히 사는 것이다.
	C	나에게 성공이란, 한 분야에서 전문성을 쌓고 자아실현하는 것이다.
28	D	업무 중 발생한 돌발 상황(위기)을 기회로 전환할 수 있다.
	I	업무에 돌발 상황이 발생해도 사람들의 지혜를 모으면 해결 가능하다.
	S	업무에 돌발 상황이 발생하면 어떻게 해야 할지 몰라 당황하는 편이다.
	C	돌발 상황 발생 확률이 낮은 업무를 하고 싶다.
29	D	회의할 때 나는 논리적이고 분명하게 말하는 편이다.
	I	회의할 때 나는 풍부한 표정을 지으며 상세하게 말하는 편이다.
	S	회의할 때 나는 느리고 두루뭉술하게 말하는 편이다.
	C	회의할 때 나는 무미건조하게 사실 위주로 말하는 편이다.
30	D	나는 적극적이고 주도적인 사람이다.
	I	나는 친절하고 사교적인 사람이다.
	S	나는 온화하고 협조적인 사람이다.
	C	나는 섬세하고 진지한 사람이다.
31	D	고객 응대에서 중요한 것은 철저한 준비성과 논리적으로 말할 수 있는 능력이다.
	I	고객 응대에서 중요한 것은 유머와 고객의 이익을 위하는 마음이다.
	S	고객 응대에서 중요한 것은 부드러운 태도와 인내심이다.
	C	고객 응대에서 중요한 것은 고객이 필요로 하는 정보를 정확하게 전달하는 것이다.

번호	유형	내용
32	D	영업할 때 상대방이 거절하더라도 과감하게 밀어붙여야 한다.
	I	영업할 때 상대방과의 관계(라포) 형성이 제품 판매보다 중요하다.
	S	영업할 때 고객의 요구를 다 맞춰주는 편이다.
	C	영업할 때 필요한 정보를 담백하게 전달하는 편이다.
33	D	상사와 갈등이 생기면, 할 말은 하는 편이다.
	I	상사와 갈등이 생기면, 상사의 기분을 살펴서 분위기가 괜찮을 때 넌지시 내 입장을 말한다.
	S	상사와 갈등이 생기면, 갈등이 커지지 않게 되도록 상사의 지시를 따른다.
	C	상사와 갈등이 생기면, 갈등의 원인을 파악한 뒤 다음에 비슷한 상황이 발생하면 어떻게 대처할지 준비한다.
34	D	우수한 성과를 올렸을 때, 나의 능력에 대해 자부심이 생긴다.
	I	우수한 성과를 올렸을 때, 상사와 동료들의 칭찬에 기분이 좋아진다.
	S	우수한 성과를 올렸을 때, 칭찬을 들으면 좋지만 너무 주목받는 것은 꺼려진다.
	C	우수한 성과를 올렸을 때, 잠깐 기분이 들뜨나 해이해지지 않도록 마음을 다 잡는다.
35	D	연봉협상 제의를 받는다면, 나의 능력을 최대한 어필해서 연봉을 높일 수 있도록 할 것이다.
	I	연봉협상 제의를 받는다면, 같이 일하는 사람들에게 좋은 인상을 줘서 내가 꼭 필요한 사람임을 어필할 것이다.
	S	연봉협상 제의를 받는다면, 비슷한 직급의 동료들이 받는 시세에 맞춰서 받게 될 것이라 예상한다.
	C	연봉협상 제의를 받는다면, 타 업체의 연봉 수준과 비교해 보고 내 경력과 연차를 고려했을 때 합리적인지 따져볼 것이다.
36	D	새로운 팀에 들어간다면, 텃세에 밀리지 않게 당당하게 행동한다.
	I	새로운 팀에 들어간다면, 돌아다니면서 팀원들에게 인사부터 한다.
	S	새로운 팀에 들어간다면, 상사가 다른 팀원들에게 나를 소개해 줄 때까지 기다린다.
	C	새로운 팀에 들어간다면, 업무 매뉴얼부터 파악하고 팀원들의 성향을 살핀다.

번호	유형	내용
37	D	범죄를 저지른 사람을 보면, 단호하게 처벌해야 한다고 생각한다.
	I	범죄를 저지른 사람을 보면, 사회에 적응할 수 있도록 교화해야 한다고 생각한다.
	S	범죄를 저지른 사람을 보면, 그 사람이 그렇게 할 수밖에 없었던 이유를 먼저 생각한다.
	C	범죄를 저지른 사람을 보면, 재발을 막기 위한 시스템을 구축해야 한다고 생각한다.
38	D	나는 도전적이고 변화무쌍한 삶을 꿈꾼다.
	I	나는 재밌고 열정적인 삶을 꿈꾼다.
	S	나는 느긋하고 여유 있는 삶을 꿈꾼다.
	C	나는 조용하고 정돈된 삶을 꿈꾼다.
39	D	목표를 향해 달려갈 때 휴식 시간도 미리 계획해서 체계적으로 쉰다.
	I	목표를 위해 열심히 일하더라도 사람들과 교제하는 시간은 꼭 필요하다.
	S	모두의 목표 달성을 위해서라면 휴식 시간이 좀 줄어도 기꺼이 협조할 것이다.
	C	목표를 향해 달려갈 때 정해진 휴식 시간이 있다면 바꾸지 않으면 좋겠다.
40	D	나는 적극적이고 주도적인 사람이다.
	I	나는 친절하고 사교적인 사람이다.
	S	나는 태평스럽고 느긋한 사람이다.
	C	나는 섬세하고 진지한 사람이다.

표 3. K-DISC 형용사형 예비 문항(34문항) 내용

번호	D	I	S	C
1	진취적인	매력적인	협조적인	조용한
2	변화를 추구하는	유쾌한	온순한	성실한
3	직설적인	호의적인	공손한	체계적인
4	단호한	사교적인	이해심 있는	준비성 있는
5	적극적인	재치 있는	부드러운	절제하는
6	의지가 굳은	호감을 주는	겸손한	섬세한
7	지휘하는	생동감 넘치는	욕심부리지 않는	꾸준한
8	외향적인	공감적인	양보하는	꼼꼼한
9	추진하는	말솜씨 있는	인정해 주는	참을성 있는
10	주도하는	사람을 챙겨주는	현실에 만족하는	부지런한
11	주장하는	친절한	도움이 되는	조심하는
12	리더십 있는	이목을 끄는	짜증 내지 않는	마무리하는
13	경쟁심 강한	기분에 좌우되는	거절을 못 하는	개인주의적인
14	독단적인	놀기 좋아하는	줏대 없는	까다로운
15	무모한	허풍떠는	남의 시선을 의식하는	융통성 없는
16	성격이 급한	절제하지 못하는	소심한	예민한
17	거만한	소유욕이 강한	겁이 많은	냉소적인
18	리더십 있는	재치 있는	온순한	꼼꼼한
19	추진하는	호의적인	이해심 있는	꾸준한
20	진취적인	호감을 주는	짜증 내지 않는	부지런한
21	외향적인	매력적인	부드러운	마무리하는
22	직설적인	이목을 끄는	인정해 주는	준비성 있는
23	의지가 굳은	친절한	욕심부리지 않는	참을성 있는
24	변화를 추구하는	사교적인	현실에 만족하는	조심하는

번호	D	I	S	C
25	단호한	유쾌한	양보하는	절제하는
26	주도하는	공감적인	겸손한	조용한
27	지휘하는	말솜씨 있는	협조적인	성실한
28	적극적인	생동감 넘치는	도움이 되는	체계적인
29	주장하는	사람을 챙겨주는	공손한	섬세한
30	경쟁심 강한	놀기 좋아하는	소심한	냉소적인
31	독단적인	허풍떠는	겁이 많은	개인주의적인
32	거만한	기분에 좌우되는	남의 시선을 의식하는	예민한
33	무모한	절제하지 못하는	줏대 없는	융통성 없는
34	성격이 급한	소유욕이 강한	거절을 못 하는	까다로운

4.3. 예비 문항의 내용 타당도 검토

　　이후 임상심리전문가 자격을 보유한 현직 심리학과 교수 3인으로 구성된 평정단이 예비 문항의 내용 타당도(문항이 해당 요인을 적절히 반영하고 있는지)와 전달성(문항의 뜻이 잘 이해되고 전달되는지)을 평정하였다. 평정단은 연구자가 제공하는 DISC 이론과 구성개념에 대한 상세 설명을 바탕으로, 4점 리커트 척도(1점: 관련이 없음, 2점: 문항 수정 없이는 관련성을 평가할 수 없거나 관련이 없어서 문항 수정이 필요함, 3점: 관련이 있으나 다소 수정이 필요함, 4점: 매우 관련이 있고 간결함)로 문항 내용을 평정하였다. 평정된 점수를 바탕으로 내용타당도 지수(Content Validity Index, CVI)를 산출하였다(Polit & Beck, 2006). CVI가 .80 이하에 해당하는 22개 문항(문장형: 14문항, 형용사형: 8문항)에 대하여 전문가 평정단의 의견을 반영하여 문항을 수정하고, 수정된 문항의 내용 타당도를 재평정하였다. 수정이 용이하지 않은 한 문항은 제거하여 최종적으로 문장형 39문항, 형용사형 34개 문항을 마련하였다. 이렇게 하여 예비 문항을 모두 확정한 것이다.

4.4. 예비검사(1차 조사) 실시 및 결과 분석

    K-DISC 행동 유형 검사를 개발하기 위한 1차 조사가 2022년 6월 20일~6월 28일에 걸쳐 진행되었다. 조사는 온라인 설문으로 진행되었으며, 검사 시간은 대략 15-20분 정도였다. 설문에 응답하기에 앞서, 조사 참여 의향을 묻는 동의서가 제시되었으며, 동의서를 읽고 동의란에 체크한 경우에만 설문에 참여할 수 있었다. 수거된 자료는 SPSS 25 프로그램을 이용하여 분석하였다. 1차 조사에 참여한 표본 수는 400명으로, 표본의 인구통계학적 특성을 표 4에 제시하였다.

표 4. 1차 조사 참여자의 인구통계학적 특성 (N = 400)

특성	구분	인원수	비율(%)
성별	남	143	35.8
	여	257	64.3
연령	20대 이하	95	23.8
	30대	185	46.3
	40대	87	21.8
	50대 이상	33	8.3
결혼	미혼	219	51.0
	기혼	200	46.6
	기타(이혼, 별거, 사별)	10	2.3
학력	고졸 이하	84	21.1
	대학교 재학	9	2.3
	대학교 졸업	284	71.0
	대학원 이상	23	5.8
직업	사무직	179	44.8
	서비스, 판매직	101	25.3
	전문직	48	12.0
	자영업	20	5.0
	생산직	5	1.3
	기타	47	11.8

4.4.1. 예비검사와 함께 실시할 차원적 DISC 검사

본 연구에서는 범주적 DISC 검사의 한계를 극복하기 위해 문항 개발 및 선정 단계에서 차원적 DISC 검사를 활용하였다. 범주적 K-DISC 검사를 보완할 차원적 척도로, 기존 DISC 관련 국내 학술 연구(김명희, 1998; 김정식, 2012; Boyd, 1994)에서 주로 사용되어온 리커트 척도를 취합, 수정하여 사용하였다. 국내에서 사용되는 척도는 대체로

Boyd(1994) 저서에 소개된 척도를 바탕으로 하고 있으나, 연구자마다 번안 내용이 상이하고, 문항의 속성도 다소 이질적이다. 또한, 네 유형 간 교차 부하가 의심되는 문항이 다수 포함되어 있었다. 이에 기존 문항을 그대로 수렴 타당도 확인을 위한 기준 척도로 사용하는 것에 한계가 있다고 판단되어, 전문가 협의를 거쳐 기존 문항을 수정하여 새롭게 문항 세트를 구성하고, 탐색적 요인분석을 거쳐 최적 문항을 선정한 뒤 기준 척도로 삼았다.

우선 여러 버전의 검사 문항 중 의미가 중복되는 문항 및 네 유형의 고유 특징에 위배되는 것으로 보이는 문항, 유형 간 교차 부하가 의심되는 문항들을 제거하였다. 또한, 부자연스러운 표현이나 한국 실정에 맞지 않는 표현을 수정함으로써, 각 유형별 15개 문항씩 총 60개의 문항을 선정하고, 5점 리커트 척도로 평정하였다. 1차 조사에서 수합된 400명의 자료를 바탕으로, 60문항에 대한 탐색적 요인분석을 진행하였다. 요인 추출 및 회전 방식으로 최대우도법(Maximum Likelihood Method)과 요인 간 상관을 가정한 사각회전법(Direct Quartmin)을 적용하였다. 4요인으로 지정하여 탐색적 요인분석을 반복하면서 공통성이 .4 이하에 해당하거나 요인적 재량이 .3 이하에 해당하는 문항, 내적 일관성 계수가 낮은 문항을 제거해 나갔다. 최종적으로 각 요인별로 심리 측정적 속성이 우수한 7문항씩 총 28문항을 선정하였다. 28문항의 탐색적 요인분석 결과를 표 5에 제시하였다.

요인 1은 사교형(Influence: I)으로 내적 일관성 계수(Cronbach α)는 .85로 나타났다. 요인 2는 안정형(Steadiness: S)으로 내적 일관성 계수는 .73으로 나타났다. 요인 3은 신중형(Conscientiousness: C)으로 내적 일관성 계수는 .72로 나타났다. 요인 4는 주도형(Dominance: D)도 내적 일관성 계수는 .84로 나타났다.

표 5. 리커트형 DISC 척도 문항 및 탐색적 요인분석 결과

문 항	요인1 I	요인2 S	요인3 C	요인4 D
1. 나는 사람들과 함께 있을 때 분위기를 즐겁게 만드는 윤활유 역할을 한다.	**.84**	.02	-.03	-.08
2. 나는 활달하고 유쾌한 사람이다.	**.77**	-.07	-.01	-.06
3. 낯선 사람과도 쉽게 이야기할 수 있다.	**.68**	-.05	.04	.12
4. 여러 사람이 모여 있으면 즐겁다.	**.63**	.00	.03	.00
5. 내 주변에는 늘 사람들이 떠나지 않는다.	**.58**	.06	.09	.08
6. 나는 다른 사람들을 다양한 업무에 동참시키는 설득력이 뛰어나다.	**.52**	-.10	.03	.35
7. 나는 사람들과 몇 시간을 대화해도 지치지 않는다.	**.52**	.03	-.10	.23
1. 내가 지시를 내리기보다, 지시를 받아서 따르는 편이 편하다.	-.07	**.64**	-.07	-.17
2. 다른 사람이 실수했을 때, 그 사람이 무안할까 봐 모른 척한다.	.06	**.59**	-.05	.06
3. 내 의견을 말해야 할 때, 머뭇거리며 답을 피하는 경우가 종종 있다.	-.15	**.58**	-.11	-.07
4. 나는 무난하지만 특색 없는 사람이라는 평을 종종 듣는다.	-.36	**.56**	.03	.28
5. 나는 불만이 있더라도 다른 사람의 기분을 고려하여 돌려서 말하는 편이다.	.21	**.46**	.14	-.17
6. 나의 이익보다는 다른 사람을 먼저 배려한다.	.33	**.42**	.04	.00
7. 튀지 않고 원만하게 살고 싶다.	-.21	**.39**	.21	-.12
1. 의사결정에 앞서 신중하게 생각하고 선택하는 편이다.	.08	-.01	**.68**	-.16
2. 나는 요령을 피우기보다 원칙대로 일하는 편이다.	-.06	.15	**.55**	.06
3. 나는 행동하기 전에 세부적인 사항까지 꼼꼼하게 확인하는 편이다.	-.10	-.07	**.55**	-.04
4. 발표를 하기 전에 할 말을 순서에 맞게 미리 다 생각해둔다.	.02	-.01	**.54**	-.12
5. 나는 목표를 달성하기 위해 하나씩 단계적으로 해 나갈 때 뿌듯함을 느낀다.	.14	-.01	**.49**	.03
6. 나는 시간관리에 철저하고 시간 약속을 잘 지킨다.	.01	.09	**.49**	.16
7. 나는 감정에 치우치지 않고 논리적으로 판단하려고 한다.	-.08	-.15	**.39**	.22

문항				
1. 위험이 예상되더라도 용감하게 뛰어드는 편이다.	.22	-.01	-.05	**.69**
2. 의사결정이 어려운 상황에서도 과감하게 결정하는 편이다.	.11	-.20	.18	**.61**
3. 나는 도전을 두려워하지 않는다.	.26	-.06	.14	**.56**
4. 나는 다른 사람들로부터 타협을 모르는 사람이라는 말을 들을 때가 있다.	-.11	.07	-.09	**.53**
5. 나는 빠르게 생각하고 빠르게 의사결정을 내린다.	.18	-.15	.11	**.52**
6. 주도적으로 일하는 것을 즐긴다.	.30	-.27	.11	**.45**
7. 나는 나의 의견을 주장하는 것을 두려워하지 않는다.	.28	-.24	.21	**.37**

4.4.2. 차원적 DISC 검사를 활용하여 K-DISC 최종 문항 선정

이렇게 완성된 리커트형 28문항을 수렴 타당도 확인을 위한 기준 척도로 삼아 새로 개발된 K-DISC의 문장형 문항과 형용사형 문항을 선정하였다. 문장형 및 형용사형 예비 문항 중에 리커트형 28문항과 상관이 높고, 내적 일관성이 양호하며, 지나치게 긍정적 또는 부정적으로 편향된 내용의 문항이 다수 포함되지 않는 방향으로 문항을 선정하였다.

리커트형 척도와 새로 개발된 K-DISC 문장형 및 형용사형 척도의 수렴 타당도를 표 6에 제시하였다. 기준 척도인 리커트형 척도의 D 요인과 K-DISC 문장형 및 형용사형 척도의 D 요인의 상관은 각각 .63, .65로 양호하였다. 리커트형 척도의 I 요인과 문장형 및 형용사형 척도의 I 요인의 상관은 .45, .50으로 나타났다. 리커트형 척도의 S 요인과 문장형 및 형용사형 척도 S 요인의 상관은 .50, .55로 나타났다. 리커트형 척도의 C 요인과 문장형 및 형용사형 척도 C 요인의 상관은 .29, .31로 유의하게 나타났다. 리커트형 척도의 D 요인과 K-DISC

하이브리드형 척도 D 요인의 상관은 .68, I 요인의 상관은 .54, S 요인의 상관은 .58, C 요인의 상관은 .33으로 나타났다. 따라서 K-DISC 문장형 및 형용사형, 하이브리드형 척도의 수렴 타당도는 양호하다고 볼 수 있다. 특히 문장형과 형용사형, 하이브리드형 척도 중 하이브리드형 척도의 수렴 타당도가 가장 높은 것으로 나타났다.

표 6. 리커트형 DISC 척도, K-DISC 문장형 및 형용사형 척도의 상관

	리커트형 D	리커트형 I	리커트형 S	리커트형 C
리커트형 D	1			
리커트형 I	.55***			
리커트형 S	-.38***	-.22***		
리커트형 C	.26***	.16**	.01	
K-DISC				
문장형 D	.63***	.22***	-.53***	.07
문장형 I	.12*	.45***	-.05	-.15**
문장형 S	-.58***	-.24***	.50***	-.22***
문장형 C	-.28***	-.48***	.18***	.29***
형용사형 D	.65***	.31***	-.53***	.07
형용사형 I	.15**	.50***	-.10	-.24***
형용사형 S	-.65***	-.37***	.55***	-.16**
형용사형 C	-.27***	-.48***	.17***	.31***
하이브리드형 D	.68***	.28***	-.56***	.08
하이브리드형 I	.15**	.54***	-.08	-.22***
하이브리드형 S	-.68***	-.34***	.58***	-.21***
하이브리드형 C	-.31***	-.53***	.20***	.33***

*$p < .05$, **$p < .01$, ***$p < .01$.

또한, 리커트형 척도의 D 요인과 K-DISC 척도의 D 요인은 다른

세 요인보다 높은 상관을 보였고, 리커트형 척도의 I 요인과 K-DISC 척도의 I 요인은 다른 세 요인보다 높은 상관을 보였다. 리커트형 척도의 S 요인과 K-DISC 척도의 S 요인은 다른 세 요인보다 높은 상관을, 리커트형 척도의 C 요인과 K-DISC 척도의 C 요인은 다른 세 요인보다 높은 상관을 보였다. 따라서 서로 다른 검사 버전의 D, I, S, C 각 요인이 서로 동질적인 속성을 가장 많이 공유한다고 볼 수 있다.

4.4.3. 전문가 검토를 통한 K-DISC 최종 문항 보완

다음으로 전문가 검토를 통하여 K-DISC 검사 최종 문항에 대한 질적 보완 작업을 시도하였다. 최종적으로 선정된 문항 중에서 신중형(C)을 묘사하는 단어 중 '신중', '정확', '완벽'같은 표현들이 잦은 빈도로 포함되어, 신중형이 이상적이고 합리적인 유형으로 비칠 우려가 있었다(예: '나는 다른 사람들로부터 성실하고 정확한 사람이라는 평을 듣는다.' '동료의 잘못에 대해 같은 잘못을 하지 않도록 더욱 성실하고 정확하게 하려 한다'. '일할 때 나는 정확하고 완벽하게 계획을 실천하는 것이 가장 중요하다.'). 이에 신중형의 이성적이고 합리적인 측면을 지나치게 강조하는 문항들을 일부 제거하는 작업을 거쳤다.

이러한 과정을 통해 문장형 16문항과 형용사형 16문항을 최종 선택하였다. 새로 개발된 K-DISC 문장형 및 형용사형 척도의 최종 문항 내용은 다음과 같다(표 7, 표 8). 각 16문항으로 구성되며, 하이브리드형 척도의 경우, 문장형 16문항과 형용사형 16문항을 합친 32문항을 의미한다.

표 7. K-DISC 문장형 최종 16문항

번호	보기	문 항
1	D	직장에서 나는 강력하고 민첩하게 행동하는 편이다.
	I	직장에서 나는 활기차고 유쾌하게 행동하는 편이다.
	S	직장에서 나는 부드럽고 원만하게 행동하는 편이다.
	C	직장에서 나는 신중하고 질서 있게 행동하는 편이다.
2	D	목표 달성을 위해서는 일을 기획하고 추진하는 능력이 가장 중요하다.
	I	목표 달성을 위해서는 사람들을 설득하고 참여시키는 것이 가장 중요하다.
	S	목표 달성을 위해서는 서로 협조하고 양보하는 것이 가장 중요하다.
	C	목표 달성을 위해서는 내가 성실하게 일하는 것이 가장 중요하다.
3	D	나를 동물로 표현한다면, 밀림의 왕 사자, 새의 왕 독수리에 가깝다.
	I	나를 동물로 표현한다면, 춤추는 돌고래, 재주 많은 원숭이에 가깝다.
	S	나를 동물로 표현한다면, 무리 지어 사는 온순한 양에 가깝다.
	C	나를 동물로 표현한다면, 내 영역을 지키는 고양이에 가깝다.
4	D	내 삶의 모토는 '할 수 있다', '안 되면 되게 하라'에 가깝다.
	I	내 삶의 모토는 '괜찮아 잘될 거야', '행복은 나누면 두 배가 된다'에 가깝다.
	S	내 삶의 모토는 '모난 돌이 정 맞는다', '백지장도 맞들면 낫다'에 가깝다.
	C	내 삶의 모토는 '돌다리도 두들겨보고 건너자' '티끌 모아 태산'에 가깝다.
5	D	나는 주로 앞에 나서서 일을 주도하고 지시 내리는 역할을 한다.
	I	나는 주로 앞에 나서서 분위기를 띄우고 사기를 북돋는 역할을 한다.
	S	나는 주로 앞에 나서기보다 동료를 돕고 지지해 주는 역할을 한다.
	C	나는 주로 앞에 나서기보다 지시를 정확하게 따르고, 실무를 충실하게 수행하는 역할을 한다.
6	D	새로운 일에 혼자 과감하게 도전하는 것을 즐긴다.
	I	새로운 일에 다른 사람들과 함께 도전하는 것을 즐긴다.
	S	새로운 일보다 익숙한 일을 다른 사람들과 함께하는 것이 좋다.
	C	새로운 일보다 익숙한 일을 혼자 하는 것이 좋다.
7	D	일을 많이 받았을 때, 효율적으로 일을 배분하고 재빠르게 추진한다.
	I	일이 많아지더라도 사람들과 함께 하면 괜찮다.
	S	할 일이 많은데도 다른 사람의 부탁을 거절하지 못할 때가 있다.
	C	일을 많이 받았을 때, 오랜 시간이 걸려서라도 묵묵히 해낸다.

8	D	팀워크를 할 때 내가 지시해야 잘 진행된다.
	I	혼자 하는 업무보다는 여럿이 함께 하는 업무가 재미있다.
	S	함께 모여 팀워크를 한다면 보조를 잘할 수 있다.
	C	팀워크보다는 혼자 하는 작업이 마음 편하고 좋다.
9	D	일할 때 나는 좋고 싫음이 분명하고, 이를 표현하는 데 거리낌이 없다.
	I	일할 때 나는 좋고 싫음이 분명하나, 다른 사람의 의견도 수용하려고 한다.
	S	일할 때 나는 좋고 싫음이 분명하지 않고, 다른 사람의 의견을 따르는 편이다.
	C	일할 때 나는 좋고 싫음보다는 정확하고 꾸준한 것이 중요하다고 생각한다.
10	D	일할 때, 최대한의 성과를 끌어내는 것이 가장 중요한 원칙이다.
	I	일할 때, 사람들의 행복을 위해서라면, 때로 원칙을 포기할 수도 있다고 생각한다.
	S	일할 때, 원칙을 고집하면 사람들과 갈등이 생길까 염려된다.
	C	일할 때, 정해진 원칙이 있다면 바꾸지 않는 게 좋다.
11	D	나는 도전적이고, 내가 옳다고 생각하는 일을 추진할 수 있는 환경에서 일하는 것이 좋다.
	I	나는 재미있고, 사람들과의 관계가 돈독한 환경에서 일하는 것이 좋다.
	S	나는 느긋하고, 서로 배려해 주는 환경에서 일하는 것이 좋다.
	C	나는 체계적이고, 조직화가 잘 되어있는 환경에서 일하는 것이 좋다.
12	D	나에게 가장 중요한 것은 '목표'와 '결과'이다.
	I	나에게 가장 중요한 것은 '사람'과 '인정'이다.
	S	나에게 가장 중요한 것은 '협력'과 '헌신'이다.
	C	나에게 가장 중요한 것은 '정확성'과 '꾸준함'이다.
13	D	나는 유능하고 도전적인 사람과 함께 일하는 것이 좋다.
	I	나는 공감적이고 칭찬에 인색하지 않은 사람과 함께 일하는 것이 좋다.
	S	나는 급하게 재촉하지 않고, 인간적 관심을 보여주는 사람과 함께 일하는 것이 좋다.
	C	나는 똑똑하고, 시간 약속을 잘 지키는 사람과 함께 일하는 것이 좋다.
14	D	나는 압박을 받거나 힘들 때면, 공격적이고 경쟁적으로 변한다.
	I	나는 압박을 받거나 힘들 때면, 즉흥적이고 산만하게 변한다.
	S	나는 압박을 받거나 힘들 때면, 주저하고 무력하게 변한다.
	C	나는 압박을 받거나 힘들 때면, 비판적이고 지나치게 세부사항에 집착한다.

15	D	회의할 때 나는 설득력 있고 분명하게 말하는 편이다.
	I	회의할 때 나는 표현력 있고 생동감 있게 말하는 편이다.
	S	회의할 때 나는 모나지 않고 둥글게 말하는 편이다.
	C	회의할 때 나는 사실에 기반하여 신중하게 말하는 편이다.
16	D	나는 적극적이고 주도적인 사람이다.
	I	나는 친절하고 사교적인 사람이다.
	S	나는 온화하고 협조적인 사람이다.
	C	나는 꼼꼼하고 진지한 사람이다.

표 8. K-DISC 형용사형 최종 16문항

번호	D	I	S	C
1	리더십 있는	재치 있는	온순한	꼼꼼한
2	추진하는	넉살 좋은	이해심 많은	꾸준한
3	진취적인	호감을 주는	짜증 내지 않는	부지런한
4	외향적인	매력적인	부드러운	묵묵하게 일하는
5	직설적인	이목을 끄는	수용적인	준비성 있는
6	의지가 굳은	친절을 베푸는	욕심부리지 않는	참을성 있는
7	목표를 추구하는	사교적인	원만한	조심하는
8	단호한	유쾌한	양보하는	절제하는
9	주도하는	격려하는	겸손한	조용한
10	지휘하는	말솜씨 있는	협조적인	성실한
11	적극적인	생동감 넘치는	도움이 되는	체계적인
12	주장하는	사람을 챙겨주는	공손한	세밀한
13	경쟁심 강한	놀기 좋아하는	소심한	냉소적인
14	독단적인	허풍떠는	겁이 많은	개인주의적인
15	무모한	절제하지 못하는	줏대 없는	융통성 없는
16	성격이 급한	산만한	거절을 못 하는	까다로운

4.5. 본조사(2차 조사) 실시 및 결과 분석

　　K-DISC 최종 문항의 요인 구조의 타당도를 재검증하기 위한 2차 조사가 2022년 8월 15일~8월 26일에 걸쳐 진행되었다. 조사는 온라인 설문으로 진행되었으며, 검사 시간은 대략 10~15분 정도 소요되었다. 자발적으로 설문조사 참여에 동의한 경우에만 설문에 참여할 수 있었다. 2차 조사 참여자 수는 714명이었으나, 설문 완료에 지나치게 짧은 시간(4분 미만)이 소요된 경우 및 문항 보기 중 동일 번호를 계속 선택하여 불성실 응답으로 사료되는 경우를 제외하고 총 501명의 자료를 분석하였다. 분석에는 SPSS 25, AMOS 22 프로그램이 사용되었으며, 2차 조사 참여자의 인구통계학적 특성을 표 9에 제시하였다.

표 9. 2차 조사 참여자의 인구통계학적 특성 (N = 501)

특성	구분	인원 (n)	비율 (%)
성별	남	254	50.7
	여	247	49.3
연령	20대 이하	154	30.7
	30대	105	21.0
	40대	92	18.4
	50대 이상	150	29.9
결혼	미혼	229	45.7
	기혼	239	47.7
	기타	33	6.6
학력	고졸 이하	161	32.1
	대학 재학	35	7.0
	대학 졸업	262	52.3
	대학원 이상	43	8.6
직업	사무직	245	48.9
	서비스, 판매직	71	14.2
	전문직	110	22.0
	자영업	40	8.0
	생산직	20	4.0
	기타	15	3.0

4.5.1. 인구통계학적 특성에 따른 차이

　인구통계학적 특성에 따라, K-DISC 검사의 하위 요인 점수에 차이가 있는지 검증한 결과, 성별에 따라 유의한 차이가 있는 것으로 나타났다(표 10). 구체적으로, 남성은 문장형, 형용사형, 하이브리드형 검사 모두에서 주도형(D)의 점수가 여성에 비해 유의하게 높았다. 그 외 문장형, 형용사형, 하이브리드형 검사 모두에서 연령, 결혼 상태, 학력 및 직업에 따른 유의한 점수 차이는 관찰되지 않았다.

표 10. 전체 표본의 평균 및 표준편차, 성별에 따른 DISC 점수 차이

타입	요인	전체(N = 501)		남(n = 254)		여(n = 247)		t	p
		M	SD	M	SD	M	SD		
문장형	D	10.19	5.64	10.71	5.67	9.65	5.58	2.10*	.04
	I	11.80	5.03	11.85	5.10	11.74	4.96	0.26	.79
	S	12.51	5.58	12.11	5.64	12.94	5.51	1.66	.10
	C	13.50	5.00	13.33	5.07	13.68	4.93	0.77	.44
형용사형	D	10.63	6.45	11.70	6.34	9.54	6.39	3.79***	< .001
	I	10.77	5.21	10.54	5.13	11.01	5.28	1.00	.32
	S	13.68	6.15	13.23	6.01	14.15	6.26	1.67	.10
	C	12.91	5.53	12.53	5.72	13.30	5.32	1.57	.12
하이브리드형	D	20.82	10.71	22.41	10.32	19.19	10.88	3.39***	< .001
	I	22.57	8.51	22.40	8.47	22.74	8.57	0.46	.65
	S	26.20	10.25	25.34	10.19	27.08	10.26	1.91	.06
	C	26.41	8.78	25.86	8.49	26.98	9.04	1.43	.15

*p < .05, ***p < .01.

4.5.2. 확인적 요인분석 결과

새로 개발된 K-DISC 문장형 및 형용사형 검사 문항이 DISC 이론의 구성개념을 적절하게 반영하고 있는지 살펴보기 위해, 최대우도법(Maximum Likelihood Method)을 적용하여 확인적 요인분석을 시도하고, 그 결과를 표 11에 제시하였다.

CMIN/df는 3보다 적어야 적합하다고 볼 수 있으며(Kline, 2011), GFI, TLI, CFI는 .90~.95 이상으로 1에 가까울수록, RMSEA는 .05 이하면 좋은 적합도(close fit), .08 이하면 괜찮은 적합도(reasonable fit)로

작을수록 양호하다고 볼 수 있다.(Brown & Cudeck, 1993)

주도형(D), 사교형(I), 안정형(S), 신중형(C)에 이르는 네 하위 요인의 모형 적합도 지수를 살펴보면, 모두 CMIN/df 값이 3 이하로 나타났으며, GFI는 .95 이상, TLI, CFI는 .9에 근접한 값을 보였다. 또한, RMSEA도, .02~.04로 모두 좋은 적합도를 보였다.

표 11. 요인별 적합도 지수

타입	요인	CMIN	df	CMIN/df	GFI	TLI	CFI	RMSEA
문장형	주도형(D)	182.83	104	1.76	.96	.88	.89	.04
	사교형(I)	131.24	104	1.26	.97	.91	.92	.02
	안정형(S)	151.44	104	1.46	.96	.90	.91	.03
	신중형(C)	127.50	104	1.23	.97	.92	.93	.02
형용사형	주도형(D)	192.45	104	1.85	.95	.91	.92	.04
	사교형(I)	175.14	104	1.68	.96	.83	.86	.04
	안정형(S)	157.32	104	1.51	.96	.92	.93	.03
	신중형(C)	194.16	104	1.87	.95	.83	.85	.04

4.5.3. 신뢰도 분석 결과

K-DISC 검사의 신뢰도 분석 결과를 표 12에 제시하였다. 신뢰도(Reliability)란 동일한 개념에 대해 측정을 반복했을 때 동일한 측정값을 얻을 수 있는 정도로서 한 영역에 대한 측정값이 얼마나 일관성 있고, 안정적으로 얻어지는가를 말한다. 1차 예비 조사에서 DISC 네 유형의 신뢰도는 우수한 수준으로 나타났고, 2차 조사에서는 수용할 만

한 수준으로 나타났다. 전반적으로 1차 조사에 비해 2차 조사의 내적 일관성이 다소 낮았는데, 이는 예비 문항을 모두 포함한 1차 조사에 비해, 2차 조사의 문항 수가 줄어들면서, 참여자들의 응답 소요 시간이 짧아지고, 즉흥적으로 응답했을 가능성이 시사된다. 또한, 2차 조사에서 짧은 응답 시간 및 불성실 응답으로 간주되어 분석에서 제외된 참여자가 많았던 점으로 미루어 보아, 표본 특성으로 인해 신뢰도가 저하되었을 가능성도 있다. 따라서 추후 더 많은 참여자를 대상으로 추가적인 분석이 요구된다. 그러나 이러한 제한점을 감안하더라도, K-DISC 검사는 전반적으로 양호한 수준의 신뢰도를 보이고 있다.

한편, 1차 및 2차 조사 모두에서 형용사형 검사에 비해 문장형 검사의 내적 일관성이 다소 낮은 것으로 나타났다. 이는 형용사형과 문장형의 개념적 차이에서 비롯된 것으로 보인다. 형용사형 문항의 경우, 전반적인 자아개념을 반영하고 있기에 더욱 안정적인 특성을 보이는 반면, 문장형의 문항의 경우, 특정 장면에서 행동 양상을 고르는 형태로 구성되어 있기 때문에, 상황적 요소가 반영되어 변동성이 높아질 가능성이 있다. 이는 문장형 및 형용사형 검사의 목적성이 적절히 반영된 결과로 보인다.

또한, 1차 및 2차 조사에서, 문장형 및 형용사형 문항을 합친 하이브리드형 검사의 내적 일관성이 가장 높게 나타나고 있으므로, 안정적인 유형 추정을 위해서는 가급적 하이브리드형 검사의 실시를 권장하는 바이다.

표 12. K-DISC 검사의 신뢰도

	주도형 D	사교형 I	안정형 S	신중형 C
1차 조사 (N =400)				
문장형	.89	.83	.83	.86
형용사형	.93	.87	.90	.87
하이브리드형	.95	.90	.93	.90
2차 조사 (N =501)				
문장형	.74	.61	.68	.60
형용사형	.80	.66	.75	.70
하이브리드형	.85	.73	.81	.75

4.5.4. 하위 요인 간 상관

K-DISC 검사의 네 개 하위 요인 간 상관분석 결과를 표 13에 제시하였다. K-DISC 문장형 척도의 D 요인과 형용사 및 하이브리드형 척도의 D 요인은 유의한 정적 상관을 보였다. 각각 $r = .57$, $p < .001$. $r = .87$, $p < .001$. 각 척도의 D 요인은 다른 세 요인 중 S 요인과 가장 큰 부적 상관을 보였으며, $r = -.52 \sim -.69$, $p < .001$, C 요인과도 유의한 부적 상관을 보였다. $r = -.19 \sim -.29$, $p < .001$. 즉 주도형(D) 성향이 높을수록, 안정형(S) 및 신중형(C) 성향이 낮아지는 것으로 볼 수 있다.

K-DISC 문장형 척도의 I 요인과 형용사 및 하이브리드형 척도의 I 요인은 유의한 정적 상관을 보였다. 각각 $r = .38$, $p < .001$. $r = .83$, $p < .001$. 각 척도의 I 요인은 다른 세 요인 중 C 요인과 가장 큰 부적 상관을 보였으며, $r = -.30 \sim -.61$, $p < .001$, S 요인과도 유의한 부적 상관을 보였다. $r = -.12 \sim -.29$, $p < .01 \sim .001$. 즉 사교형(I) 성향이 높

을수록, 안정형(S) 및 신중형(C) 성향이 낮아지는 것으로 볼 수 있다.

K-DISC 문장형 척도의 S 요인과 형용사 및 하이브리드형 척도의 S 요인은 유의한 정적 상관을 보였다. 각각 r = .53, p < .001. r = .86, p < .001. 각 척도의 S 요인은 D 요인과 가장 큰 부적 상관을 보였으며, r = -.52 ~ -.68, p < .001, I 요인과도 유의한 부적 상관을 보였다. r = -.09 ~ -.23, p < .05 ~.001. 즉, 안정형(S) 성향이 높을수록, 주도형(D) 및 사교형(I) 성향이 낮은 것으로 볼 수 있다.

K-DISC 문장형 척도의 C 요인과 형용사 및 하이브리드형 척도의 C 요인은 유의한 정적 상관을 보였다. 각각 r = .40, p < .001. r = .81, p < .001. 각 척도의 C 요인은 I 요인과 가장 큰 부적 상관을 보였으며, r = -.40 ~ -.61, p < .001, D 요인과도 유의한 부적 상관을 보였다. r = -.12 ~ -.23, p < .01 ~.001. 즉, 신중형(C) 성향이 높을수록, 사교형(I) 및 주도형(D) 성향이 낮은 것으로 볼 수 있다.

이러한 결과를 종합하면, 문장형, 형용사형, 하이브리드형 검사에서 D 요인은 D 요인끼리, I 요인은 I 요인끼리, S 요인은 S 요인끼리, C 요인은 C 요인끼리 가장 높은 정적 상관을 보임으로써, 각 요인에 속한 문항들이 유사성을 공유하는 것으로 볼 수 있다. 이로써 K-DISC 검사의 교차 타당도가 양호함을 확인하였다.

한편, 주도형(D)과 사교형(I)은 안정형(S) 및 신중형(C)과 부적 상관이 뚜렷했으나, 주도형(D)과 사교형(I), 안정형(S)과 신중형(C) 간에는 상관이 약하거나, 유의한 상관이 관찰되지 않았다. DISC 이론에서 행동을 구분하는 축에는 속도(pace)와 우선순위(priority)가 있는데, 속전속결형에 속하는 주도형(D) 및 사교형(I)이 심사숙고형에 속하는 안정형(S) 및 신중형(C)과 부적 상관이 크게 나타난 것으로 보아, 네 가지 유형을 구분하는 기준에는 속도가 우선순위보다 더욱 우세하게 작용할 가능성이 시사된다.

표 13. K-DISC 하위요인 간 상관 (N = 501)

	1.SD	2.SI	3.SS	4.SC	5.AD	6.AI	7.AS	8.AC	9.AC	10.HI	11.HS
1. 문장형 D(SD)											
2. 문장형 I(SI)	-.06										
3. 문장형 S(SS)	-.69***	-.29***									
4. 문장형 C(SC)	-.29***	-.61***	-.05								
5. 형용사형 D(AD)	.57***	.06	-.52***	-.12**							
6. 형용사형 I(AI)	.11*	.38***	-.09*	-.40***	.00						
7. 형용사형 S(AS)	-.52***	-.12**	.53***	.12**	-.72***	-.30***					
8. 형용사형 C(AC)	-.19***	-.30***	.11**	.40***	-.37***	-.61***	.00				
9. 하이브리드형 D(HD)	.87***	.01	-.68***	-.23***	.90***	.0.6	-.71***	-.32***			
10. 하이브리드형 I(HI)	.03	.83***	-.23***	-.61***	.04	.84***	-.25***	-.55***	.04		
11. 하이브리드형 S(HS)	-.69***	-.23***	.86***	.04	-.71***	-.23***	-.89***	.06	-.79***	-.28***	
12. 하이브리드형 C(HC)	-.28***	-.54***	.04	.81***	-.30***	-.61***	.07	.85***	-.33***	-.69***	.07

*p < .05, **p < .01, ***p < .01.

4.5.5. 유형별 비율

1, 2차 조사에서 K-DISC 검사를 통해 참여자들의 행동 유형을 구분했을 때, 유형별 빈도 및 비율을 표 14에 제시하였다. 네 하위 요인의 문항 점수를 합산하여, 원점수를 기준으로 가장 높은 점수를 받은 유형을 1차 우세 유형으로 간주하였다. 그 결과, 하이브리드형 검사 결과를 기준으로 봤을 때, 1, 2차 조사에서 모두 안정형(S)의 비율이 가장 높게 나타났다. 그다음으로, 신중형(C)으로 비율이 높았으며, 이어서 주도형(D), 사교형(I)이 뒤를 이었다.

이는 기존 DISC 검사로 분류된 유형 비율과 상당히 다른 것으로, 기존 검사들에서는 대체로 사교형(I)의 비율이 높게 나타나는 경향이 있었다. 그러나 본 검사의 개발자들은 이러한 결과가 기존 검사에서 사교형에 속하는 문항들이 다른 유형의 문항들에 비해 긍정 편향을 보이는 바, 수검자들이 자신을 더욱 긍정적으로 드러내고자 하는 사회적 바람직성이 반영된 결과일 수 있다고 보았다. 이에 K-DISC 검사에서는 이러한 왜곡을 바로잡고자, 네 유형의 문항 내용을 균형적으로 배치하는 데 심혈을 기울였다. 그 결과 기존 검사의 유형 비율과는 다르게, 안정형(S)과 신중형(C)이 높게 나타나는 것을 확인하였다.

표 14. K-DISC 검사를 통한 유형별 빈도 및 비율 (원점수 기준)

	D		I		S		C	
	n	%	n	%	n	%	n	%
1차 조사 (N =400)								
문장형	87	21.8	101	25.3	97	24.3	115	28.7
형용사형	89	22.3	81	20.3	124	31.0	106	26.5
하이브리드형	90	22.5	89	22.3	113	28.2	108	27.0
2차 조사 (N =501)								
문장형	106	21.2	99	19.8	135	26.9	161	32.1
형용사형	132	26.3	81	16.2	178	25.5	110	22.0
하이브리드형	107	21.4	86	17.2	174	34.7	134	26.7
1, 2차 조사 합계 (N =901)								
문장형	193	21.4	200	22.2	232	25.7	276	30.6
형용사형	221	24.5	162	18.0	302	33.5	216	24.0
하이브리드형	197	21.9	175	19.4	287	31.9	242	26.9

DISC 이론에 따르면, 주도형(D)과 사교형(I)은 환경에 대응하는 개인적 힘을 강하게 지각하고, 속전속결로 일을 처리하는 주도적이고 적극적인 리더형에 가깝다고 볼 수 있고, 안정형(S)과 신중형(C)은 환경에 대응하는 개인적 힘을 약하게 지각하고, 심사숙고하여 일을 천천히 처리하는 실무형 또는 부하형에 가깝다고 볼 수 있을 것이다. 현실적으로, 직장인을 대상으로 했을 때, 리더형에 속하는 사람들보다 실무형 또는 부하형에 속하는 사람들이 많은 것이 자연스럽다. 따라서 K-DISC 검사는 일반적인 직장 생활을 영위하는 사람들의 행동 유형을 분류하는 데 적합하다고 볼 수 있을 것이다. 또한 검사 결과 활용 측면에서도, 실무형/부하형에 가까운 사람들에게 향후 리더형으

로 발전하기 위해 무엇이 더 필요한지 설명해 주고 격려해 주는 데 도움이 될 것이다.

연령, 성별, 직업, 학력 등 인구통계학적 변인에 따른 유형별 비율 차이를 살펴본 결과, 하이브리드형 검사에서 성별에 따라 유형별 차이가 유의한 것으로 나타났다 (표 15). 가장 두드러지는 차이는 주도형(D)과 신중형(C)에서 관찰되었다. 남성의 경우, 주도형(D)에 속하는 비율이 27.2%, 여성은 15.4%로, 남성이 여성에 비해 주도형(D)의 비율이 높게 나타났다. 여성의 경우, 신중형(C)에 속하는 비율이 30.4%, 남성은 23.2%로, 여성이 남성에 비해 신중형(C)의 비율이 높게 나타났다.

그 밖에 연령, 직업, 학력에 따른 유형별 차이는 유의하지 않은 것으로 나타났다.

표 15. 성별에 따른 유형별 빈도 및 비율 (원점수 기준)

	D		I		S		C		X^2
	n	%	n	%	n	%	n	%	
하이브리드형									11.05*
남(n = 254)	69	27.2	42	16.5	84	33.1	59	23.2	
여(n = 247)	38	15.4	44	17.8	90	36.4	75	30.4	

*$p < .05$.

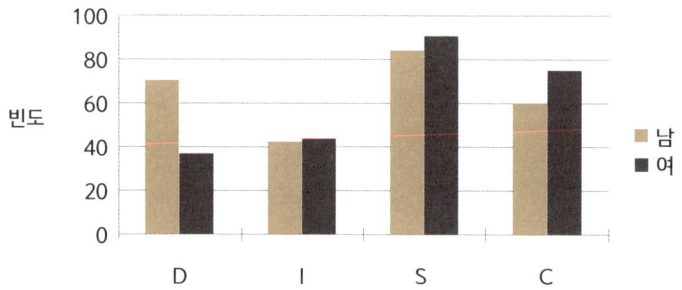

그림 8. 성별에 따른 유형별 빈도 (원점수 기준)

다음으로, 규준 집단이 되는 2차 설문조사 참여자를 대상으로, 원점수 대신 표준 점수(T 점수)를 기준으로 행동 유형을 구분해 보았다(표 16). 표준 점수를 기준으로 할 경우, 수검자가 규준 집단에 속하는 다른 사람에 비하여, 상대적으로 주도형(D), 사교형(I), 안정형(S), 신중형(C)의 특성을 얼마나 많이 나타내는지를 반영하여, 참여자의 우세 행동 유형을 구분하게 된다. 그 결과, 원점수를 기준으로 행동 유형을 구분했을 때 보다, 유형 간 빈도 차이가 감소하였다. 이렇게 표준 점수를 기준으로 할 경우, K-DISC 검사를 통해 구분된 네 가지 행동 유형의 빈도가 비교적 고르게 분포하는 것을 확인할 수 있다.

표 16. K-DISC 검사를 통한 유형별 빈도 및 비율 (T 점수 기준)

	D		I		S		C	
	n	%	n	%	n	%	n	%
2차 조사 (N =501)								
문장형	138	27.5	106	21.2	125	25.0	132	26.3
형용사형	131	26.1	130	25.9	126	25.1	114	22.9
하이브리드형	132	26.3	129	25.7	125	25.0	115	23.0

1차 우세 행동 유형과 2차 우세 행동 유형의 조합에 따른 하위 유형별 빈도 및 비율을 제시하였다(표 17). 하위 유형의 구분 기준에 관한 설명은 본 책자의 '6.3.3. 하위 유형 구분'에서 확인이 가능하다.

표 17. K-DISC 검사를 통한 하위 유형별 빈도 및 비율 (T 점수 기준)

유형	문장형		형용사형		하이브리드형	
	빈도	퍼센트	빈도	퍼센트	빈도	퍼센트
D	15	3.0	21	4.2	15	3.0
DI	54	10.8	55	11.0	54	10.8
DS	20	4.0	17	3.4	20	4.0
DC	47	9.4	38	7.6	42	8.4
I	12	2.4	15	3.0	12	2.4
ID	56	11.2	52	10.4	54	10.8
IS	21	4.2	40	8.0	42	8.4
IC	16	3.2	23	4.6	20	4.0
S	10	2.0	14	2.8	14	2.8
SD	15	3.0	13	2.6	12	2.4
SI	48	9.6	38	7.6	39	7.8
SC	51	10.2	59	11.8	60	12.0
C	17	3.4	9	1.8	11	2.2
CD	45	9.0	31	6.2	33	6.6
CI	19	3.8	20	4.0	15	3.0
CS	51	10.2	54	10.8	55	11.0
기타						
ID/DI 동점	2	0.4	0	0.0	1	0.2
SI/IS 동점	1	0.2	0	0.0	1	0.2
CS/SC 동점	0	0.0	2	0.4	0	0.0
CD/CS	0	0.0	0	0.0	1	0.2
SD/SI	1	0.2	0	0.0	0	0.0
총	501	100	501	100	501	100

4.5.6. 문장형과 형용사형 검사의 유형 일치도

다음으로 K-DISC의 문장형 검사와 형용사형 검사의 유형 분류 일치도를 살펴보았다. 이를 위해, 교차분석을 통하여 문장형 검사에서 1차 우세 유형이 형용사형 검사에서도 1차 우세 유형으로 나타나는 비율이 얼마나 되는지 살펴보았다(표 18).

먼저 1차 조사 결과를 살펴보면, 형용사형 검사에서 주도형(D)으로 분류되었던 89명 중 문장형에서도 D형으로 분류된 사람은 54명, 일치율은 60.7%로 나타났다. 형용사형 검사에서 사교형(I)으로 분류되었던 81명 중 문장형에서도 I형으로 분류된 사람은 49명, 일치율은 60.5%로 나타났다. 형용사형에서 안정형(S)으로 분류되었던 124명 중 문장형에서도 S형으로 분류된 사람은 58명, 일치율은 46.8%였고, 형용사형에서 신중형(C)으로 분류된 사람 106명 중 문장형에서도 C형으로 분류된 사람은 57명, 일치율은 53.8%로 나타났다.

2차 조사 결과, 형용사형에서 주도형(D)으로 분류된 132명 중 문장형에서도 D로 분류된 사람은 46명, 일치율은 34.8%였고, 형용사형에서 사교형(I)으로 분류된 사람 81명 중 문장형에서도 I로 분류된 사람은 23명, 일치율은 28.4%로 나타났다. 형용사형에서 안정형(S)으로 분류된 사람 178명 중 문장형에서도 S로 분류된 사람은 70명으로 일치율은 39.4%였고, 형용사형에서 신중형(C)으로 분류된 사람 110명 중 문장형에서도 C로 분류된 사람은 44명, 일치율은 40%로 나타났다.

종합하면, 1차 조사에 비해 2차 조사에서 유형별 일치율이 낮아지긴 하였으나, 형용사형에서 가장 우세했던 유형이 문장형에서도 가장 우세하게 나타나는 비율이 다른 유형으로 분류되는 비율보다 일관되게 높은 것으로 나타났다.

표 18. K-DISC 문장형 검사와 형용사형 검사의 유형 일치율 (원점수 기준)

		형용사형							
		D		I		S		C	
		n	%	n	%	n	%	n	%
1차 조사 (N =400)									
문장형	D	54	60.7	9	11.0	6	4.8	18	17.0
	I	14	15.7	49	60.5	25	20.2	13	12.3
	S	8	9.0	13	16.0	58	46.8	18	17.0
	C	13	14.6	10	12.3	35	28.2	57	53.8
	계	89	100	81	100	124	100	106	100
2차 조사 (N =501)									
문장형	D	46	34.8	18	22.2	20	11.2	22	20.0
	I	29	22.0	23	28.4	31	17.4	16	24.5
	S	16	12.1	21	25.9	70	39.4	28	25.5
	C	42	31.1	19	23.5	57	32.0	44	40.0
	계	132	100	81	100	178	100	110	100

5.

K-DISC와 직무스트레스, 커뮤니케이션 및 리더십 스타일의 관계

5.1. K-DISC와 직무스트레스의 관계
5.2. K-DISC와 커뮤니케이션 스타일의 관계
5.3. K-DISC와 리더십 스타일의 관계

2차 본조사에서는 K-DISC 유형과 직무스트레스, 커뮤니케이션 및 리더십 스타일 간의 관계를 살펴보기 위해, 관련 척도들을 함께 실시하고, 그 결과를 분석하였다. 먼저 DISC 유형과 직무스트레스, 커뮤니케이션 및 리더십 스타일 간의 상관분석을 실시하고 그 결과를 제시하였다(표 19). 이어서 DISC 유형별로 직무스트레스와 커뮤니케이션 및 리더십 스타일에 차이가 있는지, 일원분산분석(ANOVA)을 실시하고 그 결과를 제시하였다(표 20).

5.1. K-DISC와 직무스트레스의 관계

먼저 직무스트레스를 측정하기 위해, 조민영(2007)이 재구성한 직무스트레스 척도를 사용하였다. 총 18문항으로 5점 리커트 척도 상에서 평정된다. 하위 요인은 세 개로 구성되는데, 역할 요인은 역할 모호성 및 역할갈등, 역할 과부하 등과 관련된 스트레스를 측정하며, 대인관계 요인은 상사 관계, 고객 관계, 동료 관계, 부하 관계 등 대인관계와 관련된 스트레스를 측정한다. 마지막으로 조직구조 요인은 의사결정 참여, 인사정책, 조직구조 등과 관련된 스트레스를 측정한다.

DISC 유형과 직무스트레스의 관계를 하이브리드형 검사를 기준으로 살펴보면, 주도형(D)은 역할 스트레스 및 대인관계 스트레스와 유의한 정적 상관을 보였다. 각각 $r = .09$, $p < .05$, $r = .15$, $p < .01$. 반면, 안정형(S)은 역할 스트레스 및 대인관계 스트레스, 스트레스 총점과 유의한 부적 상관을 보였다. 각각 $r = -.10$, $p < .05$, $r = -.14$, $p < .01$, $r =$

-.10, p < .05. 이로써 주도형 성향이 높을수록, 직무와 관련하여 역할 및 대인관계 스트레스를 많이 받는 경향이 있고, 안정형이 높을수록, 이러한 스트레스를 적게 받는 경향이 있음을 알 수 있다.

다음으로 DISC 유형에 따른 집단 차이를 살펴보았다. 원점수를 기준으로 네 요인 중 가장 높은 점수를 참여자의 DISC 유형으로 간주하였다. 먼저 유형별 직무스트레스의 차이를 살펴보면, 하이브리드형 검사의 대인관계 스트레스에서 유형별 차이가 유의한 것으로 나타났다. $F(3, 497) = 2.98$, p < .05. 사후 검정 결과, 주도형(D)이 신중형(C)에 비해 대인관계 스트레스가 유의하게 높았다.

5.2. K-DISC와 커뮤니케이션 스타일의 관계

　　커뮤니케이션 스타일을 측정하기 위해, Thomas와 Killmann(1975)이 제안한 다섯 가지 전략을 측정하기 위해 주아영(2009)이 고안한 척도를 사용하였다. 총 25문항으로, 5점 리커트 척도 상에서 평정되며, 강요, 통합, 양보, 타협, 회피에 이르는 다섯 개의 하위 요인으로 구성된다.

　　DISC 유형과 커뮤니케이션 스타일의 관계를 하이브리드형 검사를 기준으로 살펴보면, 주도형(D)은 강요와 유의한 정적 상관을 보였고, $r = .26$, $p < .001$, 양보와는 유의한 부적 상관을 보였다. $r = .20$, $p < .01$. 사교형(I)은 타협과 유의한 정적 상관을 보였다. $r = .15$, $p < .01$, 안정형(S)은 강요와는 유의한 부적 상관을 보였으나, $r = -.26$, $p < .001$, 양보 및 타협과는 유의한 정적 상관을 보였다. 각각 $r = .21$, $p < .001$, $r = .10$, $p < .05$. 신중형(C)은 통합 및 타협과 유의한 부적 상관을 보였다. 각각 $r = -.09$, $p < .05$, $r = -.17$, $p < .001$. 이러한 결과를 토대로 볼

때, 주도형 성향이 높을수록 강요와 같은 일방적인 의사소통을 시도하는 경향이 높다고 볼 수 있다. 한편, 신중형이 높을수록 통합과 타협 경향이 낮아지는데, 신중형 사람들은 주도형처럼 적극적으로 자신의 주장을 강요하지는 않으나, 자신의 기준과 원리, 원칙을 중시하는 면으로 인해 다른 사람들과 통합 및 타협과 같은 건설적인 의사소통이 어려울 수 있을 것이다. 반면, 사교형과 안정형 성향이 높을수록, 타협을 많이 사용하는 경향이 있으며, 이와 더불어 안정형이 높을수록 의사소통 장면에서 자신의 주장을 굽히고 양보도 많이 하는 것으로 볼 수 있다.

다음으로 유형별 커뮤니케이션 스타일의 차이를 살펴보면, 하이브리드형 검사를 기준으로, 강요와 양보에서 유의한 차이가 관찰되었다. 각각 $F(3, 497) = 10.22, p < .001, F(3, 497) = 2.92, p < .05$. 사후 검정 결과, 주도형(D)은 안정형(S)과 신중형(C)에 비해 유의하게 강요가 높았다. 또한, 사교형도 안정형에 비해 강요가 높은 것으로 나타났다. 한편, 안정형(S)은 주도형(D)과 신중형(C)에 비해 양보가 높은 것으로 나타났다.

5.3. K-DISC와 리더십 스타일의 관계

리더십 유형을 측정하기 위해, Bass(1985)와 김영환 등(2017)의 연구에서 제시된 리더십 척도를 사용하였다. 총 17개 문항으로, 5점 리커트 척도 상에서 평정되며, 세 개의 하위 요인으로 구성된다. 첫 번째 요인인 변혁적 리더십은 조직 구성원들에게 미래의 비전을 제시하고, 환경적 변화에 대처하게끔 정책 비전과 시스템을 구축하고, 새로운 가치 창출을 위해 조직 구성원들의 열정과 자발성을 이끌어 내는 리더십을 의미한다(김영환, 2017). 두 번째 요인인 거래적 리더십은 조직 구성원에게 부여된 과업과 이에 대해 주어지는 보상을 분명히 제시하고, 이러한 보상 차원을 강조함으로써, 조직과 조직 구성원의 이해관계를 고려하여 과업 수행의 효율성을 강조하는 리더십이다(이철희 등, 2012). 세 번째 요인인 서번트 리더십은 변혁적 리더십과 유사하나, 리더가 조직 구성원의 능력과 욕구를 존중하며, 탈권위적인 자세로 조직 구성원들을 위해 헌신한다는 점에서 차이를 보인다. 조직

구성원은 성장을 최우선으로 추구하고, 이들을 위해 봉사하며, 상호 간 신뢰를 쌓아가는 섬김의 리더십으로 볼 수 있다(이명신 등, 2012).

DISC 유형과 리더십 스타일 간의 관계를 하이브리드형 검사를 기준으로 살펴보면, 주도형(D)은 변혁적 및 거래적 리더십과 유의한 정적 상관을 보였고, 각각 $r = .23$, $p < .001$, $r = .13$, $p < .05$, 사교형(I)은 변혁적, $r = .15$, $p < .01$, 거래적, $r = .13$, $p < .01$, 서번트 리더십, $r = .13$, $p < .01$, 유형과 모두 유의한 정적 상관을 보였다. 반면, 안정형(S)은 변혁적 및 거래적 리더십과 유의한 부적 상관을 보였으며, 각각 $r = -.17$, $p < .001$, $r = .13$, $p < .01$, 신중형은 변혁적, $r = -.22$, $p < .001$, 거래적, $r = -.13$, $p < .01$, 서번트 리더십, $r = -.14$, $p < .01$, 유형과 모두 유의한 부적 상관을 보였다. 이러한 결과를 토대로 볼 때, 주도형과 사교형이 높을수록 리더십을 발휘하는 경향이 높은 가운데, 사교형 성향이 높을수록 조직 구성원들을 우선 고려하는 서번트 리더십 성향도 높은 경향이 있음을 알 수 있다. 반면, 안정형과 신중형이 높을수록 리더십 성향이 낮아짐을 확인할 수 있다.

행동 유형별 리더십 스타일의 차이를 살펴보면, 문장형 검사에서는 변혁적, $F(3, 497) = 3.13$, $p < .05$, 거래적, $F(3, 497) = 2.93$, $p < .05$, 서번트 리더십, $F(3, 497) = 3.41$, $p < .05$, 모두에서 유의한 차이가 관찰되었다. 사후 검정 결과, 주도형(D)은 신중형(C)에 비해 변혁적 리더십과 거래적 리더십이 유의하게 높았고, 또 안정형(S)에 비해 거래적 리더십이 높았다. 반면, 안정형(S)은 신중형(C)에 비해 서번트 리더십이 높았다. 이는 아마도 안정형이 신중형에 비해 사람중심적인 경향이 있기 때문에, 조직 구성원을 섬기는 서번트 리더십이 높게 나타났을 가능성이 있다. 형용사형 검사에서는 변혁적 리더십, $F(3, 497) =$

4.04, p < .01, 거래적 리더십에서 유의한 차이가 관찰되었다. F(3, 497) = 3.92, p < .01. 사후 검정 결과, 사교형(I)은 안정형(S)에 비해 변혁적 리더십과 거래적 리더십이 유의하게 높은 것으로 나타났다. 하이브리드형 검사에서는 변혁적 리더십에서 유의한 차이가 관찰되었다. F(3, 497) = 4.58, p < .01. 사후 검정 결과, 주도형(D)은 안정형과 신중형보다 변혁적 리더십이 유의하게 높은 것으로 나타났다. 종합하면, 사교형(I)과 주도형(D)이 안정형, 신중형에 비해 리더십이 높다고 볼 수 있으며, 이는 사교형과 주도형 사람들이 환경에 대응하는 개인의 힘을 우세하게 지각하고, 환경을 적극적으로 변화시키고 이끌어가는 경향이 있음을 뒷받침하는 근거가 될 수 있다.

표 19. K-DISC와 직무스트레스, 커뮤니케이션 및 리더십 스타일 간 상관 (N =501)

변인	하위 변인	문장형			
		D	I	S	C
직무 스트레스	역할	.07	-.03	-.10*	.06
	대인관계	.09*	-.03	-.12**	.05
	조직구조	.04	-.03	-.08	.07
	스트레스 총합	.06	-.03	-.09*	.07
커뮤니 케이션	강요	.19***	.03	-.21***	-.02
	통합	.09*	.00	-.09	-.01
	양보	-.19**	.08	.12**	.01
	타협	-.05	.08	.07	-.10*
	회피	-.01	-.07	.04	.04
리더십 스타일	변혁적 리더십	.22***	.08	-.16***	-.15**
	거래적 리더십	.14**	.08	-.13**	-.09*
	서번트 리더십	-.01	.11*	.03	-.13**

		형용사형			
		D	I	S	C
직무 스트레스	역할	.09*	-.03	-.07	.00
	대인관계	.16***	-.02	-.12**	-.04
	조직구조	.07	-.01	-.07	.00
	스트레스 총합	.09*	-.02	-.08	-.01
커뮤니 케이션	강요	.27***	.02	-.25***	-.06
	통합	.06	.11*	-.04	-.13**
	양보	-.17***	.05	.23***	-.11*
	타협	-.07	.17***	.10*	-.19***
	회피	.03	.02	-.01	-.05
리더십 스타일	변혁적 리더십	.17***	.18***	-.15**	-.21***
	거래적 리더십	.08	.14**	-.09*	-.12**
	서번트 리더십	-.05	.11*	.06	-.11*
		하이브리드형			
		D	I	S	C
직무 스트레스	역할	.09*	-.04	-.10*	.03
	대인관계	.15**	-.03	-.14**	.01
	조직구조	.07	-.02	-.08	.04
	스트레스 총합	.09	-.03	-.10*	.04
커뮤니 케이션	강요	.26***	.03	-.26***	-.04
	통합	.08	.07	-.07	-.09*
	양보	-.20**	.07	.21***	-.06
	타협	-.07	.15**	.10*	-.17***
	회피	.02	-.03	.01	-.01
리더십 스타일	변혁적 리더십	.23***	.15**	-.17***	-.22***
	거래적 리더십	.13**	.13**	-.13**	-.13**
	서번트 리더십	-.04	.13**	.05	-.14**

*p < .05, **p < .01, ***p < .01.

표 20. K-DISC 유형별 직무스트레스, 커뮤니케이션 및 리더십 스타일 차이 (N =501)

종속 변인	하위 변인	문장형								F	부분 η²
		D		I		S		C			
		M	SD	M	SD	M	SD	M	SD		
직무 스트 레스	역할	17.7	4.7	16.9	4.5	17.0	4.8	18.0	4.6	1.64	.01
	대인관계	16.2	5.2	15.4	4.5	15.1	4.5	16.3	4.8	2.09	.01
	조직구조	30.7	8.9	30.4	7.7	30.0	7.4	31.7	7.5	1.35	.01
커뮤 니케 이션	강요	12.9	4.5	12.2	4.4	11.1	3.4	11.7	4.3	3.67*	.02
	통합	18.4	2.5	17.8	2.9	17.8	2.4	18.0	2.8	1.43	.01
	양보	16.8	3.0	16.8	2.8	17.6	2.4	17.0	2.7	2.53	.02
	타협	17.7	2.5	17.8	2.5	18.1	2.4	17.5	2.8	1.31	.01
	회피	13.3	4.1	12.9	3.5	13.1	3.2	13.3	3.9	0.36	.00
리더십 스타일	변혁적 리더십	18.2	2.8	17.3	3.6	17.1	2.9	17.1	3.4	3.31*	.02
	거래적 리더십	26.1	3.7	25.3	4.1	24.8	3.6	25.0	3.7	2.93*	.02
	서번트 리더십	18.6	2.7	18.1	3.2	18.6	2.3	17.7	2.8	3.41*	.02

종속 변인	하위 변인	형용사형								F	부분 η²
		D		I		S		C			
		M	SD	M	SD	M	SD	M	SD		
직무 스트레스	역할	17.6	4.8	17.9	4.9	17.1	4.6	17.5	4.4	0.64	.00
	대인관계	16.6	5.2	16.0	4.9	15.1	4.3	15.7	4.7	2.58	.02
	조직구조	31.1	8.5	31.5	8.7	30.0	7.2	31.1	8.5	0.97	.01
커뮤니 케이션	강요	13.3	4.3	12.2	4.8	10.7	3.7	11.9	3.8	10.38***	.06
	통합	18.1	2.8	18.5	2.7	18.0	2.2	17.6	3.0	1.89	.01
	양보	16.5	2.8	17.5	3.0	17.6	2.5	16.5	2.6	6.76***	.04
	타협	17.6	2.7	18.3	2.4	17.9	2.3	17.4	2.8	2.11	.01
	회피	13.6	3.9	13.3	4.2	12.9	3.5	13.0	3.3	0.95	.01
리더십 스타일	변혁적 리더십	18.2	2.8	17.3	3.6	17.1	2.9	17.1	3.4	3.31**	.02
	거래적 리더십	26.1	3.7	25.3	4.1	24.8	3.6	25.0	3.7	2.93**	.02
	서번트 리더십	18.6	2.7	18.1	3.2	18.6	2.3	17.7	2.8	3.41	.01

		하이브리드형								F	부분 η²
		D		I		S		C			
		M	SD	M	SD	M	SD	M	SD		
직무 스트레스	역할	17.6	4.6	17.7	4.9	16.7	4.8	18.1	4.3	2.45	.01
	대인관계	16.6	5.2	15.8	4.6	15.0	4.6	16.1	4.5	2.98*	.02
	조직구조	31.4	8.8	31.0	8.1	29.7	7.6	31.5	7.0	1.66	.01
커뮤니 케이션	강요	13.5	4.5	12.5	4.6	10.9	3.7	11.6	3.8	10.22***	.06
	통합	18.5	2.7	17.7	2.9	17.9	2.3	17.9	2.7	1.57	.01
	양보	16.6	2.9	17.3	3.1	17.5	2.4	16.8	2.7	2.92*	.02
	타협	17.7	2.7	17.9	2.6	17.9	2.3	17.5	2.7	0.67	.00
	회피	13.5	4.1	13.5	4.0	13.0	3.3	13.1	3.6	0.62	.00
리더십 스타일	변혁적 리더십	18.3	3.0	17.5	3.6	17.0	3.0	17.0	3.2	4.58**	.03
	거래적 리더십	26.0	4.0	25.4	4.3	24.8	3.5	25.2	3.5	2.27	.01
	서번트 리더십	18.4	3.0	18.0	3.2	18.3	2.5	18.1	2.6	0.42	.00

*p < .05, **p < .01, ***p < .01.

6.

K-DISC 검사의 실시 및 채점

6.1. 실시
6.2. 채점
6.3. 우세 유형 선정 및 하위 유형 구분

6.1. 실시

    K-DISC는 온라인 형태로 실시되는 검사로, 수검자들이 시간과 장소의 구애 없이 자유롭고 간편하게 참가하고 검사 결과를 확인할 수 있다는 장점이 있다. 수검자들은 네 개의 보기 중 직장/업무 환경에서 자신의 모습을 가장 잘 나타내는 표현을 하나 선택하고, 이어서 두 번째로 자신을 잘 나타내는 표현을 선택하도록 요청받는다. 연습효과와 편견을 방지하기 위하여, 문항의 보기는 랜덤 순으로 제시된다. 자신의 모습과 완전히 일치하거나 전적으로 동의하는 보기가 없더라도, 더욱 가까운 쪽에 답하도록 하여 가능한 모든 문항에 응답하도록 한다. 수검자가 보기를 선택하기 위해 너무 많은 시간을 고심하기보다는, 가능한 한 빠르게 자신을 잘 설명한다고 여겨지는 표현을 선택하도록 권장한다.

    검사 실시에서 수검자의 배경 정보는 최소한으로 수집하는 것을 원칙으로 하나, 성별에 따른 규준이 상이하기에 성별 정보는 반드시 포함하도록 한다.

6.2. 채점

6.2.1. 원점수

수검자가 네 개의 보기 중 자신의 모습을 가장 잘 나타내는 표현이라고 선택한 DISC 유형에 2점을 부여한다. 이어서 두 번째로 자신을 잘 나타내는 표현이라고 선택한 DISC 유형에는 1점을 부여한다. 선택되지 않은 나머지 두 유형은 각각 0점이 된다. 이러한 방식으로 문장형 16문항과 형용사형 16문항의 응답 내용에 따라 점수를 부여하고, 최종적으로 DISC 네 유형에 부여된 점수를 합산한다. 예를 들어, 문장형 16문항 중 주도형(D)에 해당하는 보기를 자신을 가장 잘 나타내는 표현으로 5회 선택하고, 두 번째로 자신을 잘 나타내는 표현이라고 4회 선택했을 경우, 문장형 검사에서 그 사람의 주도형(D) 합산 원점수는 14점(2*5+1*4=14)이 된다. 마찬가지로, 사교형(I)에 해당하는 보기를 자신을 가장 잘 나타내는 표현으로 3회 선택하고, 두 번째로 자신을 잘 나타내는 표현으로 2회 선택했을 경우, 문장형 검사에서 그 사람의 사교형(I) 합산 원점수는 8점(2*3+1*2=8)이 된다. 동일한 방식으로 안정형(S)과 신중형(C)에 대해서도 합산 원점수를 구한다.

　　형용사형 16문항에 대해서도 동일한 방식으로 DISC 네 유형에 대한 합산 원점수를 구한다. 하이브리드형 검사의 경우, 문장형에서 구해진 원점수와 형용사형에서 구해진 원점수를 합산하여, 최종적으로 DISC 네 유형에 대한 원점수를 산출한다.

표 21. K-DISC 검사의 원점수 산출 공식 및 점수 범위

타입	유형	원점수 산출 공식	점수 범위
문장형	① 주도형 (D)	문장형 D 요인 16문항 합산	0~32
	② 사교형 (I)	문장형 I 요인 16문항 합산	0~32
	③ 안정형 (S)	문장형 S 요인 16문항 합산	0~32
	④ 신중형 (C)	문장형 C 요인 16문항 합산	0~32
형용사형	⑤ 주도형 (D)	형용사형 D 요인 16문항 합산	0~32
	⑥ 사교형 (I)	형용사형 I 요인 16문항 합산	0~32
	⑦ 안정형 (S)	형용사형 S 요인 16문항 합산	0~32
	⑧ 신중형 (C)	형용사형 C 요인 16문항 합산	0~32
하이브리드형	⑨ 주도형 (D)	① + ⑤	0~64
	⑩ 사교형 (I)	② + ⑥	0~64
	⑪ 안정형 (S)	③ + ⑦	0~64
	⑫ 신중형 (C)	④ + ⑧	0~64

6.2.2. 표준 점수

　　구해진 원점수는 T 점수로 변환된다. T 점수는 평균 50, 표준편차 10으로 설정된 표준 점수로, 규준에 따른 개인의 상대적 위치를 쉽

게 파악할 수 있다는 장점이 있다. 문장형, 형용사형, 하이브리드형 검사에서 DISC 각 유형의 원점수에 해당하는 표준 점수는 본 책자의 '8. 규준 자료'에 제시하였다. T 점수 변환을 위해, 원점수를 Z 점수로 전환한 후에, 다음과 같은 절차를 따른다. T = 10*Z + 50

성별에 따라 차별적으로 규준을 적용하며, 문장형, 형용사형, 하이브리드형 검사에 대한 남녀 규준 집단의 평균과 표준편차는 표 10에 제시하였다.

6.3. 우세 유형 선정 및 하위 유형 구분

6.3.1. 1차 우세 유형

T 점수 전환 후, DISC 네 유형 중에서 가장 높은 점수를 받은 유형을 수검자의 1차 우세 행동 유형으로 간주한다. 만일 주도형(D)의 점수가 가장 높다면, 그 사람의 1차 우세 유형은 D로 표시된다. 만일 가장 높은 점수를 받은 유형이 두 개로 동점으로 나타난다면, 두 유형을 병기한다. 예를 들어, 주도형(D)과 사교형(I)의 점수가 동점으로 가장 높게 나타난다면, I/D 또는 D/I형으로 표시된다.

단, 우세 유형으로 선정하려면 적어도 50T 이상이어야 한다.

6.3.2. 2차 우세 유형

T 점수 전환 후, DISC 네 유형 중 두 번째로 높은 점수를 받은 유형을 수검자의 1차 우세 행동 유형으로 간주한다. 만일 주도형(D)이 가장 높고, 사교형(I)이 두 번째로 높은 점수를 기록하면, 그 사람의 1차 우세 유형은 D이고, 2차 우세 유형은 I로 볼 수 있다.

만일 가장 높은 점수를 받은 유형이 두 개로 동점으로 나타난다면, 그 사람의 2차 우세 유형은 1차 유형 표시와 동일하게, 두 유형을 병기한다. 예를 들어, 주도형(D)과 사교형(I)의 점수가 동점으로 가장 높게 나타난다면, 그 사람의 1차 우세 유형은 I/D 또는 D/I형으로 표시되고, 2차 우세 유형도 I/D 또는 D/I형으로 표시된다. 즉, 이 경우, 주도형(D)과 사교형(I)은 구분이 어려울 정도로 우세하게 나타나며, D 또는 I를 이 사람의 1차 또는 2차 우세 유형으로 볼 수 있다.

만일 네 유형 중 가장 높은 점수를 나타낸 1차 우세 유형은 하나로 확정되었으나, 두 번째로 높은 점수가 두 개이며 동점으로 나타난다면, 두 유형을 2차 우세 유형으로 병기한다. 예를 들어, 주도형(D)이 가장 높은 점수로 1차 우세 유형에 해당하고, 사교형(I)과 안정형(S)이 두 번째로 높은 점수로 동점을 기록했을 경우, 이 사람의 1차 우세 유형은 D이고, 2차 우세 유형은 I/S 또는 S/I로 표시한다.

단, 2차 우세 유형의 경우도, 우세 유형으로 선정하려면 적어도 50T 이상이어야 한다.

6.3.3. 하위 유형 구분

DISC 네 유형으로 1차 우세 유형 및 2차 우세 유형에 대한 기본적인 정보를 제공하는 것과 더불어, 1차 및 2차 우세 유형의 조합에 따른 하위 유형 정보를 추가로 함께 제공할 수 있다. K-DISC에서 하위 유형은 총 12개로 구분된다 (표 22). 예를 들어, DI에서 먼저 표시된 D 유형이 1차 우세 유형, 두 번째로 표시된 I 유형이 2차 우세 유형을 의미한다. 만일 D와 I가 동점으로 두 유형이 가장 높은 점수로 나타났다면, 이 사람의 하위 유형은 DI/ID로 표시된다.

네 유형 중 가장 높은 점수를 나타낸 1차 우세 유형은 하나로 확정되었으나, 두 번째로 높은 점수가 두 개로 동점인 경우도 있다. 예를 들어, 주도형(D)이 가장 높은 점수를 받아 1차 우세 유형에 해당하고, 사교형(I)과 안정형(S)이 두 번째로 높은 점수로 동점을 기록했을 경우, 이 사람의 하위 유형은 DI/DS로 표시된다.

표 22. K-DISC 검사의 유형 분류

기본 유형	하위 유형
주도형 (D)	DI
	DS
	DC
사교형 (I)	ID
	IS
	IC
안정형 (S)	SD
	SI
	SC
신중형 (C)	CD
	CI
	CS

그러나 모든 수검자에 대하여 하위 유형 정보가 제공되는 것은 아니다. 어떤 수검자들은 1차 우세 유형이 두드러지게 높은 점수를 보이고, 그 외의 다른 유형은 비교적 낮은 점수를 나타낼 수 있다. 예를 들어, 1차 우세 유형에 해당하는 주도형(D)이 T 70점으로 높게 나타났으나, 다른 세 유형이 모두 T 50점 미만의 낮은 점수를 기록할 수 있다. 이 경우, 해당 수검자는 12개의 하위 유형으로 구분하는 대신, 단독 D형으로 구분하는 것이 바람직하다. 만일 사교형(I)이 2차 우세 유형으로 나타난다고 하더라도, 이 사람은 일상에서 사교형의 행동 특징이 뚜렷하게 나타나지 않을 가능성이 있다. 따라서 1, 2차 우세 유형의 조합에 따라 하위 유형을 부여할 때, 2차 우세 유형이 T 50점 이상에 해당하는 경우에만, 하위 유형을 부여하는 것을 원칙으로 한다. 만일 두 번째로 높은 점수를 기록한 2차 우세 유형이 T 50점 미만일 경우에는, DISC 기본 유형에 해당하는 D/I/S/C로 만 유형을 구분한다.

따라서 수검자는 최종적으로 네 개의 기본 유형 중 하나만 두드러지게 상승하는 단독형 4개(D/I/S/C) 및 하위 유형 12개를 합친 16개의 유형 중 하나의 유형으로 귀속된다고 볼 수 있다. 16개 유형의 대표적인 프로파일 형태를 그림 9에 제시하였다.

그림 9. K-DISC 유형 분류

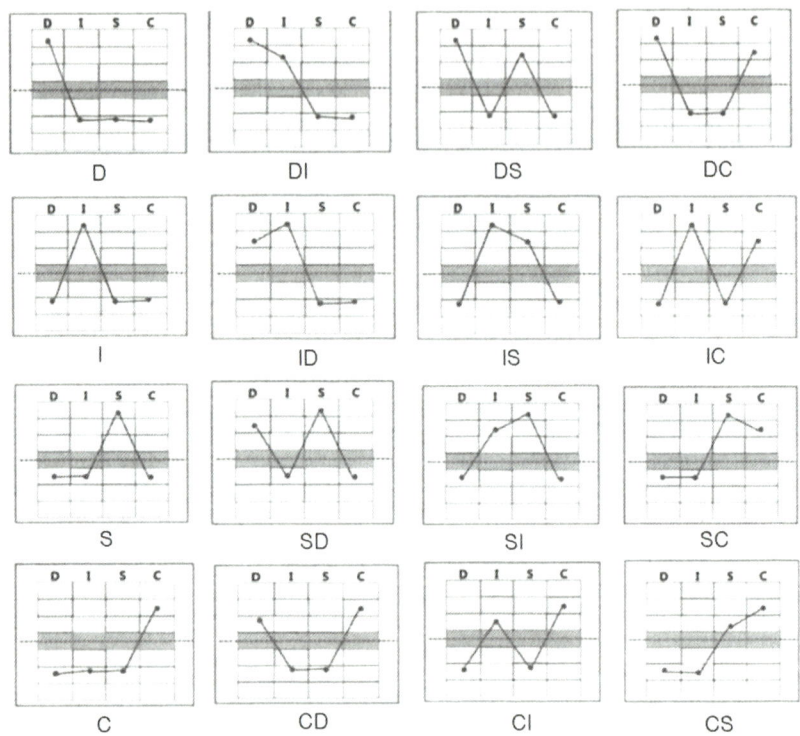

7.
결과 해석

7.1. D 관련 유형
7.2. I 관련 유형
7.3. S 관련 유형
7.4. C 관련 유형
7.5. 해석의 확장

K-DISC 검사 결과에 따른 단독 상승 유형 4개와 하위 유형 12개에 대한 해석 내용을 간략히 제시한다. 본 내용은 기존의 DISC 이론 및 검사 관련 서적(김재득 등, 2015)에서 발췌 및 참고한 것이다. 주도형(D), 사교형(I), 안정형(S), 신중형(C)에 관한 기본적인 설명은 본 책자의 서론에서 DISC 행동 유형별 특징을 참고하기 바란다. K-DISC 검사만의 독자적인 해석 체계를 구축하고, 수검자 개별 맞춤형 해석을 제공하기 위해서는 K-DISC를 활용한 지속적인 후속 연구와 더불어 다량의 데이터 축적이 요구된다.

참고로, 아래 내용은 하이브리드형으로 실시했을 때 가장 적합하게 적용된다.

7.1.
D 관련 유형

7.1.1. 단독 D 유형

단독 D 유형은 자기 결정권을 중시한다. 누군가에게 통제받거나, 지시, 지배, 이용당한다고 느낄 때 많은 스트레스를 경험한다. 외부의 정보나 타인의 말을 듣기보다, 자기 자신이 직접 보고 판단하는 것을 선호한다. 권위를 중시하며, 자신보다 지위가 낮거나, 자신이 인정할 수 없는 사람에게 굽히려고 하지 않는다. 관계 초반에 기선 제압을 시도하며, 자신의 우월적인 지위를 유지하기 위해, 자신을 계발하고 투자하는 것을 아끼지 않는다. 경쟁을 즐기는 한편, 패배를 쉽게 수긍하지 못하는 경향이 있다.

통제적이고 억압적인 환경에서 스트레스를 받으며, 이럴 때 공격적이고 경쟁적으로 변할 수 있다. 상대방의 입장이나 감정을 고려하지 않고, 단도직입적으로 문제를 제기하거나 거친 언행으로 갈등을 초래할 수 있다.

호기심이 많고 열정이 넘치며, 자신의 목표를 달성하기 위해 큰 그림을 그리고, 경주마처럼 앞만 보고 달리는 경향이 있다. 카리스마 있고, 자신감이 넘치기 때문에 주도적인 리더 역할을 맡을 수 있고, 현실 판단력이 뛰어나며, 이익과 손해를 따져보는 데 능하다. 그러나 자신이 목표한 바를 달성하지 못하거나 자신의 뜻대로 되지 않을 때, 감정을 조절하기 어려울 수 있고, 쉽게 흥분하거나 폭발할 수 있다. 또한, 성취와 목표 달성을 중시하다 보니, 함께 일하는 사람을 챙기지 못하고, 원만한 대인관계가 어려울 수 있다.

7.1.2. DI 유형

DI 유형은 주도형(D)이 가장 우세하고, 사교형(I)이 두 번째로 높은 유형이다. 사고와 행동의 속도가 빠르고, 임기응변에 능하며, 단기적인 문제 해결책을 내놓는 데 익숙하다. 다만, 사안의 복합적이고 세부적인 측면까지 고려하여 장기적인 관점에서 문제를 해결하는 데 서툴 수 있다. 따라서 의사결정이 빠르고, 단기간에 높은 성취를 달성할 수 있으나, 이후에 미처 고려하지 못한 세세한 문제들이 속출하거나, 일의 완성도가 낮을 수 있다.

주도적이고 지배적인 성향이 단독 D형보다 완화된 유형으로, 다른 사람들에게 인정받기를 선호한다. 앞장서서 사람들을 리드하고, 자신의 의견을 관철하기 위해 사람들을 설득하고 규합하고자 노력한다. 다만 누군가 자신의 의견에 반대하거나, 자신보다 앞에 나서는 것을 좋아하지 않을 수 있다.

관심의 범위가 넓고, 호기심이 많으며, 무엇이든 시도해 보고 경험해 보는 것을 즐긴다. 원하는 것을 얻기 위해, 자신과 타인을 동기 부여하는 데 능하며, 목표 달성을 위해 자극을 제공하는 역할을 한다. 언변이 뛰어나고 사람들에게 호감을 쉽게 사기도 하나, 목표를 달성하지 못했을 때는 엄격하고 차가운 태도를 보이거나, 감정적으로 반응할 수 있다.

7.1.3. DS 유형

DS 유형은 주도형(D)이 가장 우세하고, 안정형(S)이 두 번째로 높은 유형이다. 주도적으로 일을 추진하는 것과 더불어 다른 사람을 배려하는 속 깊은 면모를 갖추고 있다. 따라서 리더로서 많은 사람들로부터 호감과 진심 어린 존경을 받을 수 있는 자질을 갖추고 있다. 현실적인 측면과 함께 사람들을 배려해 진중하게 의사결정하고, 자원을 효율적으로 운영하는 데 능하다. 자신의 노력과 성과에 대해 나서서 생색내지 않는다.

주도적으로 일을 계획하고 추진하면서, 다른 사람에게 지시를 내리는 데 그치지 않고, 자신 또한 함께 매달리며 고민하는 유형이다. 목적성에 맞게 말을 조리 있게 하지만, 말을 많이 하지는 않으며, 분위기를 흥겹게 띄우거나 재미있게 끌어가는 면은 부족할 수 있다. 때로 자신의 행동과 계획, 결정에 대해 지적받거나, 인정받지 못할 때, 스트레스를 많이 경험하며, 감정을 억누르다가 한 번에 폭발시켜 주변 사람들을 당혹스럽게 만들 수 있다.

7.1.4. DC 유형

DC 유형은 주도형(D)이 가장 우세하고, 신중형(C)이 두 번째로 높은 유형이다. 사람과의 관계보다는 일과 과업을 중시하고 매진하며, 자신이 맡은 일을 능숙하고 전문적으로 해낸다. 문제 발생에 철저하게 대비하여, B 플랜을 늘 가지고 있다. 일을 하는 데 있어서 통제적인 성향이 강하기 때문에, 큰 그림부터 세부적인 사항까지 직접 나서서 챙기고, 일을 찾아서 하는 유형이다. 자신만의 기준과 원칙이 확고하기 때문에, 다소 융통성이 부족하고, 다른 사람들과 타협이 어려울 수 있다. 자존심이 강하고, 지적받거나 욕먹는 것을 매우 싫어한다.

논리적이고 분석적으로 문제를 해결하고, 기존의 부조리나 악습에 대해 비판적으로 문제를 제기할 수 있다. 조용하고, 자신의 할 일에 집중하며, 일과 관련해서는 능력을 인정받는 반면, 타인에게 크게 신경 쓰지 않고, 차갑고 무뚝뚝한 모습으로 인해 사회적 기술이 부족해 보일 수 있다. 상사가 DC 유형이면 엄하고 대하기 어려운 상사로 인식될 수 있고, 부하로서 DC 유형은 자신이 맡은 일에 최선을 다하여 신뢰받는 유형일 수 있다.

자신의 의사결정에 논리적인 근거가 충분하다고 생각하기 때문에, 자신의 의견이 반영되지 않거나, 다른 사람이 이를 받아들이지 못하면 이를 수긍하기 어려워한다. 자신의 영향력이 충분히 미치지 못하는 상황을 두려워하며, 스트레스를 받으면 까칠하고 비판적인 태도를 보일 수 있다.

7.2. I 관련 유형

7.2.1. 단독 I 유형

단독 I 유형은 긍정적 정서가 특징이며, 유쾌하고 낙천적이다. 늘 재미를 추구하며, 흥이 많고, 감수성이 풍부하다. 다양한 사람들과의 만남을 즐기고, 활동적이며, 에너지 수준이 높다. 매력적이고 유머러스하여 사람들로부터 호감을 쉽게 얻을 수 있는 반면, 즉흥적이고 행동의 일관성이 부족한 면이나, 감정 기복이 큰 면 등으로 인해 깊이 있고 안정적인 대인관계를 유지하는 데 다소 어려움을 겪을 수 있다.

아이디어가 기발하고 재치 있지만, 아이디어를 실현하기 위한 계획성과 준비성이 부족한 면이 있다. 관심사가 자주 바뀌고, 세부적인 사항을 잘 챙기지 못하기 때문에, 아이디어 수준에만 머무르고 실천이 부족할 수 있다. 꼼꼼한 계산이나 계획, 조직화가 필요한 업무나 단순 반복적인 작업에 흥미를 느끼지 못한다. 틀에 박힌 규칙이나 시간 약속 등을 준수하기 어려워하며 답답함을 느낄 수 있다.

사람들의 관심을 즐기고, 칭찬받기를 좋아하나, 원하는 만큼의 관심을 받지 못할 때에는 초조하고 참을성이 없으며 조급한 모습을 보일 수 있다. 언변이 뛰어나고, 표현력이 풍부하며, 다른 사람에게도 듣기 좋은 소리나 칭찬을 베푸는 데 능하다. 다만, 여러 사람에게 관심을 표하고 가볍게 언급하는 면으로 인하여 피상적인 인상을 줄 수 있다.

7.2.2. ID 유형

ID 유형은 사교형(I)이 가장 우세하고, 주도형(D)이 두 번째로 높은 유형이다. 사람과 일을 통합하여 열정적으로 접근하는 유형으로, 사람과 관련된 활동을 할 때 능력을 잘 발휘할 수 있다. 일사불란하게 일을 추진하지만, 꼼꼼하고 세밀한 면은 부족하여 완성도가 부족할 수 있고, 이를 보완해 줄 만한 타인의 도움을 받으면 일의 효율을 극대화할 수 있다. 사람을 설득하거나 동기 부여하는 데 능하며, 누구의 지시를 따르거나 보조하는 역할보다는 주도적이고 자율적인 환경에서 통제력을 갖길 원한다. 자기가 흥미를 느끼고 하고 싶은 일을 자기가 원하는 방식대로 하는 경향이 강하나, 강압적인 태도로 다른 사람의 기분을 상하게 하지는 않는 편이다.

사회적 눈치가 빠르고, 타인의 의도를 잘 파악하며, 상대를 기분 좋게 하는 칭찬을 잘한다. 따라서 사람들이 목표를 달성할 수 있게끔 동기 부여하고, 사람들로부터 인정받을 수 있는 자질을 갖추고 있다. 그러나 때로 사람의 마음을 움직이고 설득할 수 있는 자신의 능력을 과신하는 면도 있다.

자신을 위해 투자를 많이 하고, 외모나 차림새에도 신경을 많이 쓴다. 좋은 인상을 유지하기 위해 싫은 소리를 잘 하지 않지만, 자기 마음에 들지 않거나, 자기보다 지위나 권위가 낮다고 생각될 때는 무시하는 모습을 보일 수도 있다.

7.2.3. IS 유형

IS 유형은 사교형(I)이 가장 우세하고, 안정형(S)이 두 번째로 높은 유형이다. 사람들과의 조화, 배려를 중시하기 때문에 사회적 관계가 잘 유지되기 위한 윤활유 같은 역할을 한다. 따뜻하고 이해심이 많으며, 타인을 위해 참고 희생하는 면이 있기에, 주변에 적이 없고, 좋은 사람이라는 평을 듣는다. 갈등을 싫어하고 평화를 유지하고자 하기에, 갈등 당사자들 사이에서 중재자 역할을 자처하기도 한다. 사람들과의 마찰을 싫어하다 보니 과도하게 참거나 남에게 맞추는 모습을 보일 수 있고, 이에 대한 스트레스가 누적되면 한 번에 폭발하는 모습을 보일 수 있다.

논리적인 분석력과 과감한 의사결정이 필요한 일에 서툴 수 있고, 꼼꼼하고 치밀하게 일을 계획하고 추진하는 데 어려움을 겪는다. 사람과의 관계를 중시하다 보니, 공사의 구분이 어려울 수 있는데, 업무에 대한 비판도 개인적인 것으로 받아들여 상처받고, 상대방에 대한 실망으로 이어질 수 있다. 정에 약해 사람들의 부탁을 거절하거나, 과감하게 끊어내야 할 때 우유부단한 모습을 보일 수 있고, 이러한 면이 일을 추진하는 데 단점으로 작용할 수 있다.

7.2.4. IC 유형

IC 유형은 사교형(I)이 가장 우세하고, 신중형(C)이 두 번째로 높은 유형이다. 사교성이 좋고 조직적으로 함께 일하고 움직이는 것을 선호한다. 팀워크에서 능력을 발휘하는 유형으로, 낯선 사람과도 쉽게 어울리며, 다른 사람들을 독려하고, 영감을 주는 역할을 한다. 공동의 작업을 통해 프로젝트가 완성되면 보람을 느끼고, 일과 놀이를 둘 다 추구하며 열심히 임한다.

사람과 일을 모두 챙기려 하기에, 양쪽 측면에서 자신의 기대에 미치지 못할 때 스트레스를 받을 수 있다. 사람도 좋아하고 일도 잘하는 능력자로 인식되길 원하며, 부정적인 평가를 받는 것에 대해 두려움이 클 수 있다. 같이 일하다가 싫은 소리를 하지 못해 속앓이할 수 있고, 고심 끝에 상대가 기분 나쁘지 않게 돌려주는 편이다. 스트레스를 과도하게 받으면, 타인에 대한 관심과 호의를 거두어들이면서 단호하게 변하거나 관계를 단절할 수 있다.

7.3.
S 관련 유형

7.3.1. 단독 S 유형

    단독 S 유형은 익숙한 환경과 업무를 선호하고, 주어진 역할에 최선을 다한다. 원만한 관계를 중시하기 때문에, 인상을 찌푸리거나 거절하는 등 싫은 내색을 잘하지 못한다. 유순하고 순종적인 인상을 주지만, 자신을 잘 드러내지 않기 때문에 속을 알기 어렵고, 겉으로 보이는 것과 달리 자신의 의견을 잘 굽히지 않는 고집스러운 면모도 있다.
    지시를 받아 해야 할 일을 묵묵히 해내는 편이나, 스스로 주도적으로 일하거나 새로운 방법을 시도하는 것에 서툴고, 무언가 잘못된 점이 있어도 문제를 제기하고 개선하려는 태도가 부족할 수 있다. 경쟁에 별다른 관심이 없고, 개인적인 안락함을 추구하며, 좋은 게 좋은 거라고 느긋한 태도를 보이곤 한다. 그러나 스트레스를 받으면, 움츠러들고, 변화에 쉽게 적응하지 못하는 특징을 보인다. 자신감 있게 자기 의견을 표현하는 데 서툴고, 뒤로 물러나는 경향이 있다. 자신을 잘 드러내지 않으며, 다른 사람을 지원해 주고 보조해 주는 역할에 능하고, 리더 역할에 대해 부담을 크게 느낄 수 있다.

7.3.2. SD 유형

SD 유형은 안정형(S)이 가장 우세하고, 주도형(D)이 두 번째로 높은 유형에 해당한다. 차분하고 안정적인 면과 확고하고 독립적인 면이 함께 있는 유형으로, 자신의 감정을 잘 드러내지 않고, 뚜렷한 목적의식을 가지고 일을 추진한다. 진중하고 과묵하면서도 다른 사람에게 따뜻한 관심을 기울일 줄 알고, 조직에 대한 충성도가 높고 헌신적인 면이 있다. 솔선수범하고 속이 깊은 리더형으로 문제를 주도적으로 해결한다. 필요할 때 자신의 의견을 표현하기는 하나 과장되거나 극적인 표현보다는 담백하고 간결하게 말하며, 타인을 띄워주거나 속에 없는 말은 하기 어렵다.

스트레스나 압박을 받으면, 타인에 대한 관심과 배려가 줄어들면서 시야가 좁아지고, 무신경하고 독단적인 성향이 강화될 수 있다.

7.3.3. SI 유형

SI 유형은 안정형(S)이 가장 우세하고, 사교형(I)이 두 번째로 높은 유형이다. 사람들과의 화합, 평화를 중시하고, 타인에 대한 연민과 관심이 많다. 다른 사람의 이야기를 경청하고, 그들의 입장을 이해하기 위해 노력하며, 도움이 필요하거나 소외된 사람들을 잘 챙기고 관심을 베푼다.

다른 사람에게 환영받고 도움이 되는 사람이 되고자 하며, 이러한 역할에서 의미와 보람을 느낀다. 그러나 좋은 사람이 되고자 하여, 쉽게 의사 결정을 내리기 어려워하고 우유부단한 면을 보일 수 있고, 갈등을 견디기 어려워한다. 갈등이 표면화되는 것을 두려워하여 이를 회피할 수 있고, 다른 주제로 주의를 전환하거나, 아무 일도 없었던 것처럼 구는 모습에서 오해를 불러일으킬 소지가 있다. 스트레스를 받으면, 별일 아닌 것처럼 유쾌한 모습을 보이려고 하나, 이러한 모습이 진정성 없는 모습으로 비칠 수 있고, 의사결정을 미루어 더욱 우유부단한 모습을 나타낼 수 있다.

7.3.4. SC 유형

SC 유형은 안정형(S)이 가장 우세하고, 신중형(C)이 두 번째로 높은 유형이다. 계획적이고 보수적인 특징이 강하고, 변화를 싫어하며 이에 대응하는 유연성이 부족하다. 빠른 의사결정과 임기응변이 요구되고, 예측하기 어려운 돌발 상황이 자주 일어나는 환경에서 일한다면 스트레스를 많이 받고, 불안감을 크게 느낀다. 기존의 원칙을 깨는 것을 두려워한다.

생각이 많고, 손익을 잘 따져보며, 자신을 보호하고자 하는 욕구가 강하다. 따라서 안정감을 잃거나, 자신에게 해가 되거나 불이익이 발생하는 것에 민감하며 이에 대한 걱정과 근심도 많은 편이다.

사람을 대할 때 겸손하고, 진심으로 좋아하는 사람과 선택적으로 관계를 맺는 경향이 있다. 참을성과 끈기를 갖추고 있기에 한결같이 신뢰할 수 있는 인상을 준다.

7.4. C 관련 유형

7.4.1. 단독 C 유형

단독 C 유형은 완벽주의적이고 독립적인 성향이 강하다. 준비성이 철저하고 계획에 능하며, 체계적으로 일을 처리한다. 자신만의 원칙과 순서에 따라 혼자 할 수 있는 일을 선호하고, 자신이 추구하는 기대 수준에 도달할 때까지 노력한다. 자신만의 원리, 원칙을 고수하기 때문에 다른 사람과 타협이나 융화가 어려울 수 있고, 자신이 옳다고 생각하는 것에 대하여 쉽사리 의견을 굽히지 않는다. 지적 호기심이 강하고, 분석력이 뛰어나며, 정확성을 추구한다. 많은 정보를 수집하여 자신의 의견을 뒷받침할 논리적 근거를 마련하려고 한다. 그러나 때로 이러한 모습이 잘난 척하거나 독선적인 모습으로 비칠 소지도 있다.

나무를 보고 숲을 보지 못하는 유형으로, 세부적인 사항까지 꼼꼼히 챙기고 이에 대해 많은 에너지를 쏟다 보니, 큰 그림을 놓치거나, 우선순위를 구분하는 데 어려움을 겪을 수 있다.

7.4.2. CD 유형

CD 유형은 신중형(C)이 가장 우세하고, 주도형(D)이 두 번째로 높은 유형에 해당한다. C형과 D형의 특징이 공존하는 유형으로 C형의 치밀하고 꼼꼼한 면과, D형의 원대하고 큰 그림을 그리고 추진하는 면이 함께 있다. 따라서 전반적인 그림을 그리고 목표를 세우는 역할과 더불어 세부적인 사항까지 직접 챙기고 살핀다. 기본적으로 정확성과 정밀성을 추구하기 때문에, 조직과 시스템상의 결함을 찾아내고, 논리적으로 문제를 해결하는 데 전문성을 발휘한다.

데이터를 바탕으로 빠르게 의사결정을 내리고, 치밀하게 일을 추진한다. 능력 있는 상사일 수 있으나, 세부적인 부분까지 모두 관여하고 잘못을 지적하며 빠르게 일을 추진하기 때문에, 주변 사람들이 CD형의 스타일을 쫓아가는 데 어려움을 토로할 수 있다. 본인의 능력과 성과가 인정받는 것을 중시하고, 실수를 용납하기 어려워하는 면이 있다. 스트레스 상황에서는 더욱 비관용적인 모습을 보일 수 있고, 논리적이고 정확성을 추구하는 면이 자칫 냉정하고 차가운 인상을 줄 수 있다.

7.4.3. CI 유형

CI 유형은 신중형(C)이 가장 우세하고, 사교형(I)이 두 번째로 높은 유형에 해당한다. 논리와 감성을 바탕으로 다른 사람들을 설득하고 함께 일하는 것을 즐긴다. 다양한 주제를 조직화하고 이치에 맞게 논리적으로 구성하면서도 타인의 의견에 귀를 기울일 줄 안다. 자신이 알고 있거나 깨달은 내용, 사안의 이면에 내포된 의미 등을 다른 사람에게 전달하고 호응을 얻는 것을 즐기며, 이러한 상호작용을 통해 상대를 즐겁게 해줄 수 있는 역량을 가지고 있다. 그러나 이러한 면이 때로는 '아는 체' 하거나 지나치게 수다스러운 모습으로 비칠 우려가 있다.

정확성과 완벽성을 추구하고, 타인의 인정을 바라기 때문에, 비판을 받거나, 타인들로부터 기대한 반응이 돌아오지 않을 때, 낙담하거나 자신에게 지나치게 비판적인 태도를 보일 수 있다. 이러한 상황에서는 타인과의 연결감을 증대시킬 수 있는 활동을 하거나, 사람들과 감정을 교류하면서 지지를 받고 스트레스를 회복하는 것이 도움이 된다.

7.4.4. CS 유형

CS 유형은 신중형(C)이 가장 우세하고, 안정형(S)이 두 번째로 높은 유형에 해당한다. 질서를 중시하고 정해진 원칙과 행동 절차에 따르는 것을 좋아한다. 지시에 따라 성실하고 묵묵하게 일하는 개미 같은 특징을 지닌 유형으로 볼 수 있다. 논리적이고 비판적인 사고 경향을 지니고 있으나, 자신이 옳다는 생각에 사로잡혀 독선적인 태도를 보이기보다, 협조적이며 사람들과 화합하는 태도를 보이기 때문에 팀워크에도 적합하다. 정보 수집 및 조사, 정확성 확인 등 세심함과 꼼꼼함이 요구되는 작업에 능하며, 반복적이고 단편적인 작업에도 싫증을 내거나 지치지 않고 성실하게 맡은 역할을 수행한다. 구조화된 환경, 질서와 안정을 중요시하기 때문에 공무원 조직에 잘 어울리는 반면, 사고와 행동의 속도가 느리고, 신중하게 사안의 여러 측면을 꼼꼼하게 따져보는 면모로 인하여 빠른 의사결정이 필요하거나, 잦은 돌발 상황에 대응해야 하는 업무에서는 어려움을 겪을 수 있다.

스트레스 상황에서 지나치게 비판적으로 생각하거나 지나치게 중요하지 않는 사항에 매달릴 수 있는데, 소통을 통해 다른 사람들로부터 지지와 안정을 얻는다면, 이러한 위기를 극복하는 데 도움이 될 수 있다.

7.5. 해석의 확장

    K-DISC는 형용사형, 문장형, 하이브리드형의 세 가지 버전이 있으며, 이때 검사 결과를 형용사형과 문장형 각각 따로 도출하여 그래프를 제시할 수도 있다. 앞에서도 언급했듯이, 형용사형의 결과는 수검자가 생각하는 전반적인 자기개념(self-concept)에 가깝고 문장형의 결과는 수검자의 행동 특성을 더 많이 반영해 준다. 따라서 하이브리드형으로 DISC 유형을 결정한 후에, 형용사형과 문장형으로 산출된 두 그래프를 각각 제시하여 서로 비교하면서 해석을 확장하도록 권고한다. 이때 앞에서도 언급했듯이, 타고난 본성과 후천적으로 적응한 측면에 대해서도 수검자에게 질문하고 논의하면서 결과 해석을 더욱 풍부하게 할 수 있다.

8. 규준 자료

8.1. K-DISC 문장형 검사 규준표
8.2. K-DISC 형용사형 검사 규준표
8.3. K-DISC 하이브리드형 검사 규준표

8.1.
K-DISC 문장형 검사 규준표

T	전체(N = 501)					남자(N = 254)					여자(N = 247)					T
	D	I	S	C	D	I	S	C	D	I	S	C	T				
91										32			91
90		32				32				32			90
89	32									31			89
88		31			32	31				31			88
87	31			32				32		30		32	87
86		30			31	30				30			86
85	30		32	31			32	31	29	29	32	31	85
84		29			30	29							84
83	29		31	30			31	30	28	28	31	30	83
82	28	28			29	28	30						82
81			30	29				29	27	27	30	29	81
80	27	27	29		28	27	29						80
79			28	27			28		26	26	29	28	79
78	26	26	28			26	28		25				78
77			27	26			27			25	28	27	77

T	전체(N = 501)				남자(N = 254)				여자 (N = 247)				T
	D	I	S	C	D	I	S	C	D	I	S	C	
76	25	25	27			25	27		24		27	26	76
75				26	25		26	26		24			75
74	24	24	26			24			23		26		74
73	23			25	24		25	25		23		25	73
72		23	25		23	23			22		25		72
71	22		24	24			24	24		22		24	71
70		22			22	22			21		24		70
69	21		23	23			23	23	20	21		23	69
68		21			21	21	22				23		68
67	20		22	22				22	19	20		22	67
66	19	20			20	20	21				22		66
65			21	21	19			21	18	19	21	21	65
64	18	19				19	20						64
63			20	20	18			20	17	18	20	20	63
62	17	18	19			18	19						62
61				19	17			19	16	17	19	19	61
60	16	17	18			17	18		15				60
59	15			18	16		17	18		16	18	18	59
58		16	17		15	16			14				58
57	14			17			16	17		15	17	17	57
56		15	16		14	15			13		16		56
55	13			16			15	16		14		16	55
54		14	15		13	14			12		15		54
53	12		14	15			14	15		13		15	53
52		13			12	13	13		11		14		52
51	11		13	14	11			14	10	12		14	51
50	10	12				12	12				13		50
49			12	13	10			13	9	11		13	49
48	9	11				11	11				12		48

T	전체(N = 501)				남자(N = 254)				여자(N = 247)				T
	D	I	S	C	D	I	S	C	D	I	S	C	
47			11	12	9			12	8	10		12	47
46	8	10	10			10	10				11		46
45				11	8			11	7		10	11	45
44	7	9	9			9	9			9			44
43	6			10	7		8	10	6		9	10	43
42		8	8			6	8			5	8		42
41	5			9			7	9			8	9	41
40		7	7		5		7			4	7		40
39	4			8		6	6	8			7		39
38		6	6		4			7	3	6		8	38
37	3		5	7		5	5				6		37
36		5			3		4	6	2	5	5	7	36
35	2		4	6	2	4							35
34	1	4					3	5	1	4	4	6	34
33		3	3	5	1	3				0			33
32	0						2	4		3	3	5	32
31		2	2	4	0	2							31
30							1	3		2	2	4	30
29		1	1	3		1	0				1		29
28			0					2		1		3	28
27		0		2		0					0		27
26								1			0	2	26
25				1									25
24								0				1	24
23				0									23
22												0	22
21													21
20													20
T	D	I	S	C	D	I	S	C	D	I	S	C	T
	전체(N = 501)				남자(N = 254)				여자(N = 247)				

8.2. K-DISC 형용사형 검사 규준표

T	전체(N = 501)				남자(N = 254)				여자(N = 247)				T
	D	I	S	C	D	I	S	C	D	I	S	C	
92						32							92
91		32											91
90						31				32			90
89		31											89
88						30				31			88
87		30											87
86						29				30			86
85		29		32						32		32	85
84						28		32	31	29			84
83	32	28		31								31	83
82	31				32	27		31	30	28			82
81		27		30			32	30				30	81
80	30		32		31	26	31		29	27		29	80
79		26		29	30			29	28		32		79
78	29		31			25	30			26		28	78

T	전체(N = 501)				남자(N = 254)				여자(N = 247)				T
	D	I	S	C	D	I	S	C	D	I	S	C	
77	28	25	30	28	29			28	27		31		77
76					28	24	29		26	25		27	76
75	27	24	29	27			28	27		24	30		75
74	26			26	27	23		26	25		29	26	74
73		23	28		26		27		24	23			73
72	25	22	27	25		22		25			28	25	72
71	24				25		26		23	22	27		71
70		21	26	24		21	25	24				24	70
69	23				24				22	21	26		69
68	22	20	25	23	23	20	24	23	21			23	68
67			24					22		20	25		67
66	21	19		22	22	19	23		20		24	22	66
65	20		23	21	21	18	22	21	19	19			65
64		18	22								23	21	64
63	19			20	20	17	21	20	18	18	22	20	63
62		17	21		19				17				62
61	18			19		16	20	19		17	21	19	61
60	17	16	20		18		19	18	16				60
59			19	18		15			15	16	20	18	59
58	16	15			17		18	17		15	19		58
57	15		18	17	16	14			14			17	57
56		14		16			17	16		14	18		56
55	14		17		15	13	16		13		17	16	55
54	13	13	16	15	14			15	12	13			54
53						12	15	14			16	15	53
52	12	12	15	14	13				11	12			52
51	11		14			11	14	13	10		15	14	51
50		11		13	12		13			11	14		50
49	10	10	13		11	10		12	9			13	49
48				12			12		8	10	13	12	48

T	전체(N = 501)				남자(N = 254)				여자(N = 247)				T
	D	I	S	C	D	I	S	C	D	I	S	C	
47	9	9	12	11	10	9		11			12		47
46	8		11		9		11	10	7	9		11	46
45		8		10		8	10				11		45
44	7		10		8			9	6	8		10	44
43	6	7		9	7	7	9		5		10		43
42			9					8		7	9	9	42
41	5	6	8	8	6	6	8		4	6			41
40	4						7	7	3		8	8	40
39		5	7	7	5	5		6		5	7		39
38	3		6	6	4		6		2			7	38
37	2	4				4		5	1	4	6		37
36			5	5	3		5					6	36
35	1	3			2	3	4	4	0	3	5		35
34	0		4	4							4	5	34
33		2	3		1	2	3	3		2		4	33
32				3	0			2			3		32
31		1	2			1	2			1	2	3	31
30				2			1	1					30
29		0	1			0				0	1	2	29
28			0	1			0	0					28
27				0							0	1	27
26													26
25												0	25
24													24
23													23
22													22
21													21
20													20
T	D	I	S	C	D	I	S	C	D	I	S	C	T
	전체(N = 501)				남자(N = 254)				여자(N = 247)				

8.3. K-DISC 하이브리드형 검사 규준표

T	전체(N = 501) D	I	S	C	남자(N = 254) D	I	S	C	여자(N = 247) D	I	S	C	T
100													100
99		64				64							99
98		63				63				64			98
97						62				63			97
96		62				61				62			96
95		61								61			95
94		60				60		64					94
93		59	64	64		59		63		60			93
92		58	63	63		58		62		59			92
91			62	62		57		61	64	58		64	91
90	64	57	61		64	56		60	63	57		63	90
89	63	56		61	63			59	62	56		62	89
88	61/62	55	60	60	62	55	64	58	60/61	55		61	88
87	60	53	59	59	61	54	63	57	59			60	87
86	59	53	58	58	60	53	62	56	58	54	64		86

T	전체(N = 501)				남자(N = 254)				여자(N = 247)				T
	D	I	S	C	D	I	S	C	D	I	S	C	
85	58	52	57	57	59	52	61		57	53	63	59	85
84	57		56	56	57/58	51	60	55	56	52	62	58	84
83	56	51	55	55	56	50	59	54	55	51	61	57	83
82	55	50	54		55		58	53	54	50	60	56	82
81	54	49	53	54	54	49	57	52	53	49	59	55	81
80	53	48		53	53	48	56	51	52		58	54	80
79	52	47	52	52	52	47	55		51	48	57	53	79
78	51	46	51	51	51	46	54	50	50	47	56	52	78
77	50		50	50	50	45	53	49	49	46	55	51	77
76	49	45	49	49	49	44	52	48	47/48	45	54		76
75	48	44	48	48	48		51	47	46	44	53	50	75
74	46/47	43	47		47	43	50	46	45	43	52	49	74
73	45	42	46	47	46	42	49	45	44		51	48	73
72	44	41		46	45	41	48		43	42	50	47	72
71	43		45	45	44	40	47	44	42	41	49	46	71
70	42	40	44	44	43	39	46	43	41	40	48	45	70
69	41	39	43	43	42		45	42	40	39	47	44	69
68	40	38	42	42	41	38	44	41	39	38	46	43	68
67	39	37	41	41	40	37	43	40	38	37	45	42	67
66	38	36	40		39	36	42		37		43/44	41	66
65	37	35	39	40	38	35	41	39	35/36	36	42		65
64	36			39	37	34	40	38	34	35	41	40	64
63	35	34	38	38	36	33	39	37	33	34	40	39	63
62	34	33	37	37	35		38	36	32	33	39	38	62
61	33	32	36	36	45	32	37	35	31	32	38	37	61
60	31/32	31	35	35	33	31	36	34	30	31	37	36	60
59	30	30	34	34	32	30	35		29		36	35	59
58	29	29	33	33	31	29	33/34	33	28	30	35	34	58
57	28		32		30	28	32	32	27	29	34	33	57

T	전체(N = 501)				남자(N = 254)				여자(N = 247)				T
	D	I	S	C	D	I	S	C	D	I	S	C	
56	27	28		32	29		31	31	26	28	33	32	56
55	26	27	31	31	28	27	30	30	25	27	32		55
54	25	26	30	30	27	26	29	29	23/24	26	31	31	54
53	24	25	29	29	25/26	25	28	28	22	25	30	30	53
52	23	24	28	28	24	24	27		21		29	29	52
51	22	23	27	27	23	23	26	27	20	24	28	28	51
50	21		26	26	22	22	25	26	19	23	27	27	50
49	20	22	25		21		24	25	18	22	26	26	49
48	19	21		25	20	21	23	24	17	21	35	25	48
47	18	20	24	24	19	20	22	23	16	20	24	24	47
46	17	19	23	23	18	19	21		15	19	23	23	46
45	15/16	18	22	22	17	18	10	22	14		22		45
44	14		21	21	16	17	19	21	13	18	21	22	44
43	13	17	20	20	15		18	20	12	17	20	21	43
42	12	16	19	19	14	16	17	19	10/11	16	19	20	42
41	11	15	18		13	15	16	18	9	15	18	19	41
40	10	14	17	18	12	14	15	17	8	14	17	18	40
39	9	13		17	11	13	14		7	13	16	17	39
38	8	12	16	16	10	12	13	16	6		15	16	38
37	7		15	15	9	11	12	15	5	12	14	15	37
36	6	11	14	14	8		11	14	4	11	13	14	36
35	5	10	13	13	7	10	10	13	3	10	12	13	35
34	4	9	12	12	6	8	9	12	2	9	11		34
33	3	8	11		5	8	8		1	8	10	12	33
32	2	7	10	11	4	7	7	11	0	7	9	11	32
31	0/1	6		10	3	6	6	10			8	10	31
30			9	9	2		5	9		6	7	9	30
29		5	8	8	1	5	4	8		5	6	8	29

T	전체(N = 501)				남자(N = 254)				여자 (N = 247)				T
	D	I	S	C	D	I	S	C	D	I	S	C	
28	4	7	7	0	4	3	7		4	4/5	7		28
27	3	6	6		3	2	6		3	3	6		27
26	2	5	5		2	1			2	2	5		26
25	1	4			1	0	5		1	1	4		25
24		3	4		0		4			0			24
23	0		3				3		0		3		23
22		2	2				2				2		22
21		1	1				1				1		21
20		0	0				0				0		20
T	D	I	S	C	D	I	S	C	D	I	S	C	T
	전체(N = 501)				남자(N = 254)				여자 (N = 247)				

참고문헌

강인향 (2009). 어머니 특성변인이 유아의 창의적 인성과 정서지능에 미치는 영향. 관동대학교 대학원 박사학위논문.

권희경, 이현주 (2020). 사회적 바람직성 편향이 자기보고식 측정에 미치는 영향. 한국청소년 연구 3(4), 251-282.

김명희 (2003). DISC 행동 유형에 따른 결혼만족도 및 자녀양육행동 연구. 숙명여자대학교 대학원 박사학위논문.

김성덕 (2014). 스포츠 서비스업 종사원의 DISC행동 유형과 직무스트레스, 개인-환경적합성 및 이직의도의 관계. 한국체육학회지, 53(3), 499-512.

김영환 (2017). 리더십 유형과 과업행동 및 서비스지향성 간의 영향관계 연구. 경기대학교 대학원. 박사학위논문

김재득, 권영조, 김은정 (2015). 당신을 읽다. 매일경제 신문사.

김정식 (2012). DISC 행동 유형과 직무만족, 조직몰입 및 조직시민행동과의 관계에 대한 연구: 군무원을 중심으로. 관동대학교 대학원 박사학위논문.

손미혜 (2013). DiSC 행동 유형이 직무스트레스와 직무만족에 미치는 연구. 경희대학교 석사학위논문.

이명신, 신숙희, 장영철 (2012). 서번트 리더십이 조직유효성에 미치는 영향. 대한경영학회지, 25(2), 907-929.

이연주 (2019). 국내 DISC 행동 유형 연구의 동향과 과제: 2004년부터 2019년 국내 학술지 기준. 학습자중심교과교육연구, 19(12), 277-294.

이철희, 신강현, 허창구 (2012). 변혁적 리더십과 거래적 리더십이 직무열의에 미치는 영향. 한국심리학회지: 산업 및 조직, 25(1), 147-169.

유한준 (2005). DiSC 행동 유형에 따른 교육만족도 차이분석 연구. 연세대학교 교육대학원. 석사학위논문.

조민영 (2007). DISC 행동 유형에 따른 호텔종사원의 직무스트레스에 관한 연구. 한양대학교 석사학위논문.

주아영 (2009). 온라인 협상시 협상인의 행동 유형에 따른 커뮤니케이션 스타일이 협상 만족도에 미치는 영향에 관한 연구: DISC 행동 유형패턴을 중심으로. 성균관대학교 석사학위논문

한국교육 컨설팅 연구소 (1994). 퍼스널 프로파일 시스템. Carlson Learning Co.

한국교육 컨설팅 연구소 (2001). 개인행동프로파일 진단지. Inscape Publishing.

한국교육컨설팅 연구소 (2002). DiSC 강사과정 교재 및 매뉴얼. 한국교육컨설팅 연구소.

Boyd, C. F. (1994). 우리 아이는 왜 이럴까? (김영희, 허흔 역, 2001). 도서출판 디모데.

Browne, M. W., & Cudeck, R. (1993). Alternative ways of assessing model fit. In K. A. Bollen & J. S. Long (Eds), Testing structural equation models (pp. 136-162). Sage

Davidson, R. J., Jackson, D. C., & Kalin, N. H. (2000). Emotion, plasticity, context, and regulation: Perspectives from affective neuroscience. Psychological Bulletin, 126(6), 890-909.

Fredrickson, B. L. (2001). The role of positive emotions in positive psychology: The broden-and-build theory of positive emotions. Journal of American Psychological Associations, 54, 218-226.

Hartman, J. L., & McCambridge, J. (2011). Optimizing millennials' communication styles. Business Communication Quarterly, 74(1), 22-44.

Kinle, B. (2011). Principles and practice of structural equation modeling. Guilford Press.

Lewin, K. (1951). Field Theory in Social Science. Harper & Row.

Marston, W. M. (1979). Emotion of Normal People. Persona Press.

Polit, D. F., & Beck, C. T. (2006). The content validity index: Are you sure you know what's being reported? critique and recommendations. Research in Nursing & Health, 29(5), 489-497.

Sugerman, J. (2009). Using the DiSC model to improve communication effectiveness. Industrial and Commercial Training, 41(3), 151-154.

Turnasella, T. (2002). Pay and personality. Compensation & Benefits Review, 34(2), 49-59.